谨以此书献给改革开放40周年

在希望的田野上 | 行进中的“三农”故事

ZAI XIWANG DE TIANYE SHANG XINGJIN ZHONG DE SANNONG GUSHI

FENJIN ZHONG DE XIN NONGMIN

奋进中的新农民

范迪军
张正河 编著
刘 闯

全国百佳图书出版单位
时代出版传媒股份有限公司
黄 山 书 社

图书在版编目(CIP)数据

在希望的田野上——行进中的“三农”故事:奋进中的新农民/范迪军,张正河,刘闯编著.—合肥:黄山书社,2018.2
ISBN 978-7-5461-7396-2

Ⅰ.①在… Ⅱ.①范… ②张… ③刘… Ⅲ.①三农问题-研究-中国 Ⅳ.①F32

中国版本图书馆 CIP 数据核字(2018)第 040656 号

在希望的田野上
——行进中的“三农”故事:奋进中的新农民

范迪军 张正河 刘 闯 编著

出品人 王晓光
特约编辑 王舒彦
责任编辑 李玲玲 秦矿玲
责任印制 戚 帅 李 磊
装帧设计 钱志刚
出版发行 时代出版传媒股份有限公司(http://www.press-mart.com)
黄山书社(http://www.hspress.cn)
地址邮编 安徽省合肥市蜀山区翡翠路 1118 号出版传媒广场 7 层 230071
印 刷 合肥精艺印刷有限公司
版 次 2018 年 2 月第 1 版
印 次 2018 年 8 月第 2 次印刷
开 本 710mm×1000mm 1/16
字 数 280 000
印 张 15
书 号 ISBN 978-7-5461-7396-2
定 价 60.00 元

服务热线 0551-63533706
销售热线 0551-63533761
官方直营书店(https://hsss.tmall.com)

序

这是一套讲述中国“三农”转型的系列故事书。今年是改革开放四十周年，中国改革开放的序幕是从农村拉开的。回眸四十年中国，特别是四十年农村的变化，你会有几天几夜也说不完的感触。这些变化的背后有深刻的中国特色社会主义道路、理论、文化、制度的影响，值得我们去挖掘。而范迪军、张正河教授，却是以故事的笔触，讲述这四十年的变迁，读后感到真实、生动，很接地气，是一本不多见的，比较完整的“三农”故事书、历史书。

四十年来，我们颁布实行了许多方针政策，无论是家庭承包经营制，还是后来的税费改革，以及正在推进的农村多种经营主体、承包地“三权”分置、城镇化以及乡村振兴战略。追溯起来，无不都是广大农民和基层干部的创造和摸索，然后再总结、完善，上升为理论和国家政策。这就是辩证唯物主义的认识论。在这套故事书里，你都会找到那些理论和政策的源泉。

历史是人民群众创造的。这是马列主义、毛泽东思想的基本原理。中国人民的智慧结晶形成了邓小平理论、“三个代表”重要思想和科学发展观，以及具有划时代意义的习近平新时代中国特色社会主义思想。这套书里，讲述的一个个栩栩如生的故事和人物，既反映了他们对理论创新的探索，也体现了理论指导下的实践成果。读完这些故事，你会对中国改革开放四十周年以及对党的十九大精神，会有更为深刻的理解。

中国的农业进入了一个新的时代，由解决总量不足转入了一个重质量的发展新阶段。以家庭承包经营为主的发展方式，正转入适度规模经营，并新生出许多新的经营主体。从农民来看，一方面，现在许多农民进入了城市，从事第二、三产业成为新市民；另一方面，又催生出许多训练有素的新型职业农民。中国的农村，已经由原来的城乡差距较大，转变为城乡融合发展、农民安居乐业的美丽家园。这就是中国“三农”所面临着的许多新变化。这里没有现成的发展模式去抄袭，没有现成的捷径可以一蹴而就。中国“三农”的未来，需要我们在习近平新时代中国特色社会主义思想的指导下，去继续探索和不断实践。我相信，在今后的实践中，必将涌现出许多新的故事和鲜活的人物。我也期待着范迪军、张正河教授再出新的“三农”故事集。

中国“三农”在希望的田野上，将会永远充满生机！

（农业部原副部长、国务院参事）

2018 年 1 月 15 日

目 录

粮农篇　国家发展的战略基础

第一节　公社农民 /004

第二节　家庭承包户 /012

第三节　新型经营主体 /018

专业户篇　干一行专一行，致富的良方

第一节　蔬菜专业户 /031

第二节　养殖专业户 /038

第三节　花卉种植专业户 /043

第四节　运输流通专业户 /048

农民企业家篇　田野里走出的致富精英

第一节　个体户 /055

第二节　乡镇企业家 /059

第三节　电商老板 /065

第四节　乡村旅游开发者 /071

农民工篇　国家经济建设的一线主力军

第一节　建筑工 /080

第二节　工厂蓝领 /085

第三节　工厂白领 /090

第四节　服务业工人 /094

文化农民篇　修养自身，福泽乡里

第一节　乡村教师 /103

第二节　乡村医生 /108

第三节　乡村文化艺人 /113

第四节　当代乡贤 /118

村干部篇　全心全意为人民服务

第一节　基层干部 /129

第二节　大学生村官 /138

第三节　驻村干部 /143

新型农民篇　做新时代农民的担当者

第一节　职业农民 /155

第二节　创业农民 /162

第三节　“休闲养老”农民 /171

越洋农民篇　幸福生活是奋斗出来的

第一节　越洋务农者 /181

第二节　跨国商人 /189

第三节　越洋打工者 /198

特殊农民篇　奋进出英雄，榜样成力量

第一节　旗帜农民 /211

第二节　改革功臣 /218

第三节　励志农民 /223

第四节　荣誉农民 /229

粮农篇

国家发展的战略基础

导 读

农业是国之根本，粮食是农业之根本。粮食生产自古以来就是中国农业发展的重中之重，是人民生存的根基，是国家发展的战略基础。提高粮食自给率是一个国家独立自主发展的重要保障，尤其是像中国这样的大国。

每年的中央一号文件都提出要采取措施稳定粮食生产，特别是在2013年，中央一号文件明确提出“实施粮食安全战略”之后，稳定粮食生产的举措进一步完善。截至2017年，国家已进一步完善和落实粮食省长负责制，强化对粮食主产省和主产县的政策倾斜，保障产粮大省、大县重农抓粮得实惠，有发展；粮食主销区要切实承担起自身的粮食生产责任；全面开展永久基本农田划定工作；统筹实施全国高标准农田建设总体规划；实施耕地质量保护与提升行动；探索建立粮食生产功能区，将口粮生产能力落实到田块地头，保障措施落实到具体项目。

美国前国务卿基辛格曾经说过：“谁控制了石油，谁就控制了所有国家；谁控制了粮食，谁就控制了整个人类。”一个民族、一个国家，如果不能把粮食安全掌握在自己手里，就没有战略安全可言，只能任人卡脖子，被人牵着鼻子走。

在保证粮食安全上，处于粮食生产一线的农民功不可没。这些农民即通常所说的“粮农”，他们是从事粮食作物种植、田间管理、作物收获等一线工作的群体。粮农在中国大地上存在了好几千年。他们的生产和生活场景在古代诗词里展现得淋漓尽致。“晨兴理荒秽，带月荷锄归”写出了中国古代农民“日出而作，日落而息”的生活状态。“锄禾日当午，汗滴禾下土。谁知盘中餐，粒粒皆辛苦”体现了劳作成果来之不易。“春耕夏耘，秋敛冬藏”道出了农民按时令劳作。“昼出耘田夜绩麻，村庄儿女各当家。童孙未解供

中国古代农村男耕女织的场景

耕织，也傍桑阴学种瓜”描绘了一家人各司其职的生活场景。

几千年以来，朝代更替，小农的生产方式和生活状态依旧如此。随着新中国土地改革和社会主义改造的完成，小农的生存状态彻底被改变了。之后，土地、财产均归生产大队，生产大队之间又联合成一个乡镇级公社，正式名称为“人民公社”，散漫、随意、根据时令而劳作的农民成为了分工明确的公社社员，大家集体参加生产劳动，并按照各人所获劳动工分获得劳动报酬。

进入 20 世纪七八十年代，中国农村开启了一种全新的土地制度改革——家庭联产承包责任制。以家庭为生产单位的联产承包户普遍出现，极大地解放了农村生产力，激发了农村和农民的活力。

这个阶段也是中国向农业现代化、机械化过渡的关键时期。随着工业的发展，农村剩余劳动力逐渐从被束缚的土地中解放出来，越来越多的农民离开土地去沿海发达地区寻找发展机会。“农民工”成为这个时代家喻户晓的称呼，他们农忙时回家务农，农闲时外出打工。有些农民离家越来越远，家庭内部出现分工，“男工女耕”；或者夫妻二人一起外出，父母在家务农。随着农业机械化的发展以及外出务工越来越普遍，有些农民则在家将其他农户的闲置田地流转到自己手中，以便扩大种植规模。随着农业科技的发展和国家粮食种植补贴政策的出台，传统粮农呈现出多样化的特征，从个体家庭种植走向以种粮大户、家庭农场等多种经营主体形式的转变，粮食生产无论是单产还是总量都保持稳步增长的势头。

第一节　公社农民

毛主席曾说过，社会主义工业化离不开社会主义农业合作化的支持，社会主义农村的发展也离不开合作化的发展。新中国成立后，中国农村及农民的发展走的是逐步合作化、集体化的道路。从 1950 年到 1952 年年底，中国开展了一场轰轰烈烈的土地改革运动，彻底废除了封建土地所有制，实行农民的土地所有制，使得中国 3 亿多无地、少地的农民无偿获得了 7 亿亩土地和其他生产资料。

从 1953 年开始，中国按照“三步走”的计划对农业进行社会主义改造：第一步，按照农民自愿和互利的原则组织几户或十几户的初级农业生产互助组；第二步，组织农民以土地入股和统一经营为特点的小型农业生产合作社；第三步，组织农民联合起来成立具有社会主义性质的大型农业生产合作社。从 1955 年下半年开始到 1956 年年底，中国初级农业生产合作社过渡到具有社会主义性质的高级农业生产合作社。

1958 年中国开始走向更高级的合作，共建立农村人民公社 26576 个，入社农户 12692 万户，占农户总数的 99.1%，建立公共食堂 265 万多个、托儿所和幼儿园 475 万多个、老人幸福院 10 万多个，组建民兵师 1052 个、民兵团 24525 个，有基干民兵 4905.7 万人，普遍建立了组织军事化、行动战斗化、生活集体化的人民公社。

一、农民——从单干全包到集体分工的转变

中国农村普遍形成了“公社—大队—生产队”的管理模式，一个村就是一个大生产单位，称为“生产大队”。生产大队再按照人口、居住区域等划分为几个或十几个生产小队。生产小队是最小的生产单位。“麻雀虽小，五脏俱全。”即使是最小的生产队，也配备了整齐的班子，有生产队长、会计、保管员、妇女队长、民兵排长等，有些大的生产队还配备了副队长。那时都流传着这样一句话：“生产队长是安排活的，副队长是领着干活的。”

每个生产队都有自己的一片天地，建立了饲养屋、仓库、场院、猪圈等。而且饲养屋、场院是生产队里最热闹的地方，粮食都是从这里分到各家各户，信息都是从这里进进出出，孩子们也喜欢在这里玩耍、嬉闹。

生产队出工都有相对固定的时间，在每个生产队社员居住相对集中的地方，大都在高高的杆子或竖立的石柱上悬挂着铃铛，上工早晚，全凭铃声为号。这个时间早晚一般由生产队长来把握，由各生产队长来打铃。每天早晨、上午、下午，生产队长都会先到这里打铃，社员听到铃声，就迅速从四面八方汇聚到这里。生产队长扯起嗓子喊道：“青壮年跟着副队长去送粪，妇女跟着妇女队长干，四个老头跟着我去耕地……”

队长分工后，各个生产队里的社员分布在村子辽阔的田野里，一队队推车送粪的，身后响起了一阵阵小推车“吱吱扭扭”的美妙响声；一个个赶牛耕田的，分布在田地的各个角落，发出吆喝牛的“啊啊、哩哩、啦啦”声，鞭打牛的“叭叭、叭叭”声，此起彼伏。

以上是人民公社时期，中国千万个农村生产队劳作场景的缩影，人民公社制度不仅改变了农民的生产行为方式，进行类似“工厂式”的分工劳作，也改变了分配方式，按工计酬，按劳分配。

当时农村实行工分制，每个社员每天按照生产队长分派的活，干完了活，到了晚上，记工员按出工时间或按劳动量给每个劳动力一一记工分，最后逐月累计，交由生产队会计核算，家家户户便可按所得的工分分粮、分钱。同一生产队里的社员工分不一样，而且不固定，他们以集体评议的方式决定每人每天应得多少工分，评议的依据主要是看每人在劳动中的长期表现和实际

江苏省启东县工分票

劳动量，其次看性别、年龄、劳动能力等方面，最后生产队长全面评定每个社员的工分。

“工分，工分，社员的命根。”工分对每一个家庭、社员来说都十分重要，它直接涉及一个家庭的生活状况，因为每个家庭都要靠在生产队挣的工分养家糊口。工分评定好了，能调动社员的积极性；评定得不好，容易使社员出工不出力。

另外，分配时需要用“牛尾巴秤”称量，收缴公粮、剥花生种也需要用“牛尾巴秤”称量。社员平时的消费主要凭票进行，吃饭需要粮票，吃油需要油票，穿衣买布需要布票。

二、干部——从群众中来，到群众中去

1970年之前，我父亲干过10年多副队长，1970年春天开始担任队长。生产队副队长的主要职责是专门带领社员干活。因为要敲钟，所以他比其他社员和干部起得早；因为担责任，又比其他社员收工晚。报酬就是阴天下雨不扣分，能拿一个劳力的满工分。我父亲热心肠，喜欢为人家办事，社

员都很敬重他。

其实，我家祖父辈是从外地逃荒要饭到这个村上来的，父亲没有兄妹，属于村里名副其实的“孤门独户”。

有一年春天评工分时，原来的生产队长给他老婆多定了半分。妇女属半个劳力，每个工日平均7分，最棒的女社员才能拿到8分，当然也有一部分受到照顾，比如女知青就可以拿到8分。队长老婆身材瘦小，干活一般，结果给她定7分半。因此，社员都说队长有私心，一下子告到公社。公社派人前来调查，发现社员反映的情况属实，而且还查出队长利用请木匠做农具的机会，在家里管饭时用的米面超标。公社把队长停了职，我父亲原先是副队长，大伙都喜欢他，拥护他，最后推举他当队长。

父亲当生产队长之前，我已经一年多没回生产队干农活。在父亲当上生产队长的那一年，我又开始参加生产队劳动。麦收前夕，生产队“排镰刀”（就是排能拿镰刀割麦子的人），把我也排上了。当时我们医务室共3个人，来自3个生产队，结果就我一人回了生产队。我很生气，父亲却对我说：“麦收是老少弯腰的季节，我是队长，只有排上你，我才好大胆说别人。”

父亲当上队长后，比过去更忙，家里的事一点也插不上手。我们家住

生产队长带领社员耕地

在山坡上，下山的路很陡，吃水、运东西很不方便。特别是往自留地里送粪，更不是妇女、小孩能干的活儿。那时候运输工具都是用平板车，我们兄妹力气弱不能拉。母亲前几年就是因为从高坡朝下拉粪平板车翻了砸断腿，打着“膏布”在床上躺了好几个月。父亲没时间，只好和其他男社员换工。别人替我家拉粪，我父亲把自己挣的工分按换工时间算给他。那个换工的社员一开始坚持不要工分，但父亲就是不答应。我父亲 10 多年前已经作古，这个换工的社员今年才 60 多岁，他对这件事记忆犹新。

以上是一个人民公社的生产队长的儿子对父亲的回忆。生产队长是件苦差事，每一个生产队长就是百多号人的当家人，他要懂得一年四季的生产安排，还要接受上级下达的生产指标。他首先要是种田的好把式，样样拿得起，出工最早，收工最迟，还要没有私心，不能贪生产队的一点便宜，所以当生产队长不但没有额外的收益，而且要付出更多。但能当上生产队长的往往有着说一不二的脾性，在本队有着非常高的威望，是大伙信得过的人，因为他们是生产一线的主要带头人，粮食增产和管理都离不开他们。

生产队长是三级所有的人民公社干部中的重要组成部分。在其他干部中，公社一级属于国家下派机构，他们主要是掌握政策导向，比如结婚登记、参军入伍、土地种植计划下发、大队干部管理、水利建设派工、治安管理等。生产大队有党支部、大队长、民兵连、会计、赤脚医生、俱乐部、民办老师、大队植保员、水利员等，但这些人员在没有工作时也要参加生产队的劳动，在所在的生产队参与分配。他们大部分的工作是与老百姓打交道，生活在群众中，带领群众一心一意搞建设。

三、知青——到农村去，接受贫下中农再教育

1968 年深冬时节，正是全社会落实“接受贫下中农再教育”伟大指示的高潮时期。12 月底的一天，李新生告别河南省郑州市第二十三中学，和他正上高一的二姐一起，随着省会知青下乡大潮，踏上了落户农村的道路。

早上 6 点多，天很冷，他哈着气、缩着脖子、背着铺盖卷，在郑州市十一中门口集合。不一会儿，市里安排的公交车到了。临上车时，他忽然听

到学校广播里传出他和二姐的名字，是表扬他们放弃优越的城市生活，自愿到农村安家落户。

他们的父母都是老革命，新中国成立后一直在省委工作，坚决支持他们下乡，告诉他们向农民学习有好处，不可享受衣食无忧的生活。他们“根正苗红”，积极响应国家的号召，服从父母的意愿，到农村去接受贫下中农再教育。

破旧的公交车载着李新生姐弟俩走了一天，天黑时到了唐河县。所有知青被安排在县城最好的招待所，可他们还是睡不着。因为房间四处透风，太冷了，他们想烤烤火，却连干柴都找不到。第二天清晨，唐河县郭滩公社几位干部来迎接他们。还没进村，他们就听见锣鼓喧天，路边挂着“热烈欢迎郑州知青插队”的条幅。当天上午，公社礼堂举行大会，知青代表登台讲话表决心。会后，他们被分到了该公社的尚庙大队。

李新生和他二姐以及两名 19 岁的女知青被分在第四生产队。因为住房紧张，李新生等人先在妇女主任家住了一段时间，后来，生产队提供了一间会计室给李新生住，他二姐和另外两个女知青住进了队里的仓库。

艰苦的农村生活，让 17 岁的李新生从一名文弱书生一下子变成了肩负重担的男子汉。半年过后，烧锅做饭，劈柴打水，深翻耕地，撒粪扬场，他样样都会，一招一式都与当地农民一样，完全没有了高干子弟的影子。

李新生在农村干的最重的活是脱坯烧窑。1969 年夏，生产队烧砖搞副业，他每天和泥、脱砖坯。那泥必须和得跟面一样细，不能有任何杂质，不然烧出的砖不结实。脱坯最累，开始他一次只能脱两个，后来增加到 4 个。一天下来，整个人都虚脱了。

李新生姐弟俩在唐河农村待了一年多，1970 年春节过后，他们依照有关政策，随父母迁到长葛县八七公社（现为长葛市和尚桥镇），开始了新的插队生活。那段经历，是所有插队知青的生活缩影。到现在，他还保留着那时的作息习惯，早上 6 点起床，听广播，看新闻，先干一阵活儿再吃早饭。

像李新生姐弟俩这样的人，在中国有个专门的称呼——知青。从 1950 年开始一直到“文化大革命”结束为止，他们是自愿或被迫从城市下放到农村或兵团务农及开发、保卫边疆的年轻人，实际上这些人中大多数只有初中或高中文化程度。

1955 年，河南省郏县大李庄乡有一批初中和高中毕业生回乡参加农业合作化运动。报上发表了一篇名为《在一个乡里进行合作化规划的经验》的文章，报道了这个乡的事。毛泽东主席读了很兴奋，亲笔写了按语：“一切可以到农村中去工作的这样的知识分子，应当高兴地到那里去。农村是一个广阔的天地，在那里是可以大有作为的。”

1966 年，在“文化大革命”的影响下高考停止，许多中学毕业生既无法进入大学继续学习，又无法被安排工作。1968 年 12 月 22 日，毛泽东授意《人民日报》发表了题为《我们也有两只手，不在城里吃闲饭》的文章。文章引用了毛泽东“知识青年到农村去，接受贫下中农的再教育，很有必要……”的指示。1969 年，许多年轻人因此下乡接受锻炼。从 20 世纪 50 年代到 70 年代末，上山下乡的知识青年的总数估计在 1200 万至 1800 万人。

“知青”是中国特殊时代造就的特殊群体，若非上山下乡的浪潮，他们中很多人一辈子也不会当一回“农民”，与真正的农民生活在一起，亲身体

知识青年上山下乡宣传画

验农民的苦与乐。豆蔻年华的他们在广大的农村大地上留下了奋斗的足迹，洒下辛勤的汗水，奉献了青春乃至生命。他们第一次了解了生活，第一次懂得了人生。改革开放后，他们带着在农村练就的吃苦耐劳精神，成为时代的弄潮儿。如今，他们有的已退居事业的二线，有的仍然奋斗在各领域的前线。这一代人深深地打上了毛泽东时代的烙印，他们的一生是波澜壮阔的，他们把青春奉献给了祖国大地，把智慧贡献给了国家和人民。

总之，人民公社时期是中国进行社会主义建设的伟大探索与尝试，尝试重塑国人，培养社会主义新人，塑造一个精神大于物质利益的人与人之间的关系，建设没有压迫和剥削的社会主义社会。尽管后来人民公社解体了，但是它为国家工业化进行资本积累和工业品快速下乡做出了贡献，帮助中国经济实现了百年战乱后从无到有的积累，特别是形成了相对健全的工业体系基础，这些为改革开放后中国能够独立自主地发展奠定了基础。而在这一历史的发展过程中，公社农民做出了巨大的贡献与牺牲。据相关部门统计数据显

知识青年在劳动之余表演新排的豫剧

示，1952 年至 1990 年，农民为工业化建设贡献资金的绝对额为 11594.14 亿元，平均每年接近 300 亿元，其中有 13.2% 来自于农业税，75.1% 来自于工农业产品价格“剪刀差”，11.7% 来自于银行储蓄。

第二节　家庭承包户

1978 年 11 月 24 日晚上，安徽省凤阳县凤梨公社小岗村率先分田到户。这是一个敢冒天下之大不韪的举动，是一个勇敢的甚至是伟大的壮举，由此打开了中国土地制度改革的突破口。1979 年 10 月，小岗村打谷场上一片金黄。这一年，当年粮食总产量 66 吨，相当于全队 1966 年到 1970 年 5 年粮食产量的总和。

小岗村的举动得到了安徽省委的支持，并引起了中央的关注。1980 年 5 月 31 日，邓小平在一次重要谈话中公开肯定了小岗村“大包干”的做法。这传达了一个明确的信息：农村改革势在必行。中国家庭联产承包责任制逐步在全国推行。

1982 年 1 月 1 日，中国共产党历史上第一个关于农村工作的一号文件正式出台，明确指出包产到户、包干到户都是社会主义集体经济的生产责任制。此后，中国政府不断稳固和完善家庭联产承包责任制，鼓励农民发展多种经营，使广大农村地区迅速摘掉贫困落后的帽子，逐步走上富裕的道路，中国因此创造了令世人瞩目的用世界上 7% 的土地养活世界上 22% 的人口的奇迹。

据统计，2016 年年底，中国参与土地承包的农民有 2.3 亿户，这其中虽然已有近 7000 万农户部分或者全部转移承包地经营权，让新型农业经营主体经营，但是以家庭为单位承包经营土地的农户仍然是中国农业发展的基础。

由于受到中国工业发展的影响，工业和服务业领域的收入远远大于农业领域，农村人口大量转移到非农领域，从事农业的人口特征也发生了极大变化，亿万土地承包户也呈现了多元化特征。专职的传统农民依然存在，把农业作为兼业的打工者或者经商者逐渐增多，另外，进行规模种植的农民也开始增多。

一、传统粮农——告别牛耕的时代

云南省西盟佤族自治县勐梭镇班母村有汉族寨、爬嘎等13个自然村15个村民小组，有农户669户，乡村人口2694人，其中农业人口2688人、劳动力1554人，90%以上从事第一产业。该村国土面积39.75平方千米，海拔1700米，适合种植茶叶、稻谷、玉米等农作物。全村耕地面积10023亩，人均耕地1.9亩，林地23008.8亩。班母村属于绝对贫困村，2014年，村民人均纯收入在1500元以下，村民收入来源主要以种植业为主。精准扶贫工作开展之前，村里许多农民仍然用牛耕地，农业机械化离这个村庄还很远。

2016年，驻村扶贫的省农业厅农机推广总站干部经过调查研究后，结合当地群众缺乏科学技术和劳动力的实际，为班母村捐赠了微型农耕机、机动

传统农民仍用牛犁地

村民用微耕机犁地

喷雾机各两台，还邀请微耕机生产厂家的技术人员和县农机管理站技术人员等进行现场技术指导。技术人员不仅详细讲解微型农耕机、机动喷雾机的性能和操作方法，还拉燃引擎具体演示。通过培训指导，班母村农民熟练掌握了各种机械的结构原理、维护保养常识和维修技术，提高了村民们用农业机械代替劳动力的科学意识。

机械的推广减轻了老百姓的劳动强度，也为提早备耕，农作物按时、按节令播种下去奠定了坚实的基础，同时间接延长了农民耕作的年龄。

村民姚华说：“这个好处就多了，一个是不用招呼，不用贴劳动力，整好就可以拿回家放着。整田地，耙出来的效果比牛耙出来的要好。”和姚华一样，李文珍家虽然没有买微耕机，但也放弃了人挖牛犁的耕作方式。他只有 5 亩田，自己单独去买一辆微耕机不划算，于是请别人帮忙整田地，每亩只要 80 元，一共只用 400 元就可以完成犁、耙的工作了。

而过去，一提到农业机械，许多人就会想到大型农业机械在平原上耕作的场面，很难和梯田、山区联想到一起。随着国家加大对农机购置补贴的支持力度，农机下乡活动进一步推广，依靠机械提高了生产效率，逐步实现了生产机械化。

扶贫工作的开展，使得偏远山区的农民也逐渐使用上了各种小型微耕机。它的使用不仅降低了农民的劳动强度，更是改变了过去人挖牛犁的耕作方式，极大地方便了广大农民的劳作。传统春耕景象在文学爱好者的眼中，是一幅怀旧的画，颜色各异、高矮不一的牛与农夫在菜花点缀的田间地头犁田耙地。如今这道风景线开始悄悄淡出人们的视线。

微型农业机械的推广，为传统粮农带来了极大便利。现今，传统农民在中国逐渐呈现老龄化趋势。他们以传统方式从事农业生产，其目的主要是满足家庭生活的需要，一般是在家庭承包的土地上小规模经营，有的少量转入土地，但是普遍经营规模不大。他们使用传统技术，又不具有人力资本优势，收入水平往往不高。

二、半农半工——改革开放后农村的普遍现象

河南省信阳市大桥村的李明贤今年 36 岁，初中文化程度，家里有 5 口人。老母亲年近 80 岁，耳朵、眼睛都已不灵活。儿子在镇上读初二。李明贤在郑州做木工，一年收入在 5 万至 7 万元。妻子在家带孩子上学，并照顾老人。家里有 4 亩多田地，由于自家田地较远，妻子与人换了离家近的田地。农忙时，李明贤回来帮忙，一般待上 10 来天就回郑州忙工作。

大桥村像李明贤这样的村民很多，务工与务农相结合的家庭有 60 多户。一部分村民既下田种庄稼，又在外务工当工人，当起了“半工半农”的新农民。村干部说，村民农忙务农，农闲务工，既鼓了腰包，长了见识，学了农技，还转换了脑筋，带回了外面先进的技术和理念，奔小康致富路走得更顺利。

在现今的中国，像大桥村这样的村庄是非常普遍的，兼业农民是“半工半农”的农民。根据“离农”的程度，兼业农民大体可以分为以农业为主的和以非农业为主的两种类型。以农业为主的兼业农民更多具有传统农民的特征，以非农业为主的兼业农民更多具有“去农”的特征。

在半农半工的群体中，又分为三种情况：一种是夫妻均外出打工，父母年龄相对不大，由老人在家种地，这种情况，夫妻双方打工的地方一般离家

儿女在外打工，老人负责种全家的田地

丈夫在外打工，妻子承担起打农药的活儿

较远；第二种是丈夫在外打工，妻子在家种地，照顾老人和小孩；第三种是丈夫在外打工，农忙时回来，农闲时外出，这样的情况，丈夫往往在离家不远处打工。

三、半农半商——“老板”“农民”两不误

“这是最后一次给魔芋上肥了，再回来就是收魔芋了，还有两天就可以把家里的农活忙完，随后我又得赶往县城去经营我的面摊……”重庆市奉节县青莲镇金千村农民周厚平由衷地讲起他的致富之道。目前，该镇已有200余名农民像周厚平这样农闲的时候进城经商，农忙的时候回乡种地。此举既照顾到了老人、孩子，又挣到了票子。

村里一些有经济头脑的农民瞄准农村的宽广前景，办起了农家乐、农业观光园、无公害蔬菜基地等。同时，他们还在城里干着建筑、装修的活，或经营水果店、餐饮店等。这类农民既过着乡下人的生活，又过着城里人的生活，成为新型的“两栖农民”。他们农闲时住在县城、辖区及周边集镇做些小买卖；农忙时，他们返回乡下忙农活。有的“两栖农民”为了不耽误农活与经商，索性买辆车，便于往返于城乡之间。他们觉得，种地与经商两不误，农忙和农闲都能挣钱，只是人辛苦点，但这些付出是值得的。

这种既做农民又经商的农民群体在不断增多，特别是城市郊区农民，边种地边在城里寻找商业机会。经商致富的农民，后来就直接脱离了农业生产，成为全职的生意人。

无论是半农半工，还是半农半商，他们都是兼业农民的典型代表。总体而言，兼业农民从事农业生产的目的主要是满足家庭生活的需要，一般在家庭承包的土地上小规模经营，生产技术水平不高，产量和收入水平也不高。在空间上，兼业农民奔波于城乡之间，是“城乡两栖人口”。

中国兼业农民是城乡二元制度下农民分化不彻底的表现：一方面，农民进入城市后受到制度性歧视，就业和生活困难，难以融入城市；另一方面，农村土地制度改革滞后，进城农民不愿意放弃农村土地，具有浓厚的“土地情结”。兼业农民在这种“两难困境”中纠结和挣扎，将发生“两极分化”：一极是“向后”，一部分人将完全从事农业；另一极是“向前”，另一部分

清早，农民到城郊卖自家产的水果

人将彻底脱离农业生产，进入城市。

在今后相当长一个时期内，一方面，工农业比较收益和城乡经济社会发展的差距客观存在；另一方面，城乡经济和社会管理体制改革深化加大，从而引导更多的兼业农民向城市转移，兼业农民的队伍将趋于缩小和萎缩，估计在中国农民群体中的比重将不超过20%。

第三节 新型经营主体

改革开放以来，农村的土地结束了大集体时代吃“大锅饭”的现状，开始实行家庭联产承包责任制，将土地分到各家各户。在相当长一段时期内，家庭联产承包责任制解决了亿万家庭承包户的生产积极性的问题。但随着经济的不断发展，改革开放的不断深入，尤其是中国加入世界贸易组织以后，市场经济迅速发展，分散式经营模式的弱点就开始显现。

这些弱点带来了很多问题，例如愿意留在家里种地的年轻人越来越少，种出来的农产品与市场结合度不高，农产品销售不了，等等。所以，为了解决这些问题，农业领域的改革也随着时代的步伐不断深入，培育新型农业生产经营主体就是其中一项。

新型经营主体，主要是指在完善家庭联产承包经营制度的基础上，有文化、懂技术、会经营的职业农民和进行大规模经营、有较高集约化程度和市场竞争力的农业经营组织。

截至 2016 年年底，中国种粮大户、家庭农场、农民专业合作社、农业产业化龙头企业等新型农业经营主体竞相发展，总量达到 280 万个。同时，新型职业农民不断壮大，总数超过 1270 万人，成为农业现代化发展的引领力量。2017 年，促进新型农业经营主体发展的补贴、金融、保险等政策将不断完善，新型农业经营主体发展专业化、标准化、集约化水平将迈上新台阶。

新型经营主体的不断壮大，有力地助推了土地流转型、服务带动型等多种形式的适度规模经营稳步发展。其中种粮大户、家庭农场、农民专业合作社是主要群体。

一、种植大户——规模经营走上致富路

安徽省枞阳县大桥村的周成一家原来都在合肥做蔬菜生意。随着国家粮食价格提升以及农业相关优惠政策的出台，回家承包田地的外出打工者开始增加。2015 年，周成在一番考察和“深思熟虑”后，在老家承包了 200 亩地，种稻谷和小麦。他是这样考虑的：“经济作物不敢种，市场价格不好控制，人工成本太高，种大田尽管赚得少一些，但价格稳定，风险不大。”除草、打药、浇水、收割等环节采用雇工的方式。一年下来，去掉所有的成本，还可以挣个 10 万元左右，不比在外面起早贪黑做小生意差。而且在家可以照顾孩子和老人，一家人生活在一起，这是周成回来承包土地的另一个重要因素。

土地是农民的命根子，这话对种植大户和家庭农场而言更贴切。没有地，哪来的大户呢？种植大户是为了进行规模化经营，在一定条件下由农户

周成请村里的收割机户来收割稻谷

跨区、跨村转入土地逐渐形成的。

类似周成这样的种粮大户在全国已经很普遍。根据农业部的调查，从划分标准来看，北方一般将拥有 100 亩以上耕地的农户统计为种粮大户，南方则以 30 亩为标准。从土地组成来看，北方的种粮大户中，有 53.72% 的土地来自自家承包地，25.80% 的土地来自短期流转，10.83% 的土地来自长期租赁，1.45% 的土地来自拍卖。南方的种粮大户中，有 22.71% 的土地来自自家承包地，54.38% 是短期流转，14.24% 是长期租赁，1.06% 是拍卖。

农业部调查表明，当前中国 100 亩以上的种粮大户已突破 50 万户，经营的耕地面积达到 8000 万亩。综合各地的情况看，种植大户的年收益从十几万元到几十万元较为普遍，规模更大的年收入则在百万元以上。种植大户也给流转户带来了稳定的收益。一些散户种地有一搭没一搭，收多收少无所谓，但流转出去后收益可以稳定下来。

二、家庭农场主——让种田成为体面的工作

上海市松江区石湖荡镇新源村的曹林坤，是松江区的第一批家庭农场主。2017年，他共承包了300多亩水稻田。种了一辈子地，曹林坤经历过拽耙扶犁的传统耕种方式。2011年，他去考了农机驾照，之后又购置了植保机、收割机和拖拉机。购买这些农机一共花了100多万元，其中40%由曹林坤自掏腰包，其余的都由政府补贴。

曹林坤又组建了机农互助点，他个人提供农机，再由本村4位考了农机驾驶证的家庭农场主作为农机手，为互助点成员提供机耕、机种、防治和机收等农业生产全程机械化服务。靠着种粮和农机服务的双份收入，他的家庭农场一年可进账50万元。

截至2016年年底，在松江区的966户家庭农场中，机农一体的就有606户，占比约为63%。如今，松江区力争将机农一体家庭农场比例提高到80%左右。曹林坤的互助点已经成了农机维修服务中心，集维修保养和农机操作培训等功能于一体，因此曹林坤还做起了农场主教练。

按照松江区的规定，家庭农场主年满60岁就必须退休。曹林坤这一轮承包结束之后，女儿曹洁打算接手他的家庭农场。“现代农业发展中，农机发挥着越来越重要的作用，种田不再是笨重的体力活，而且从收入来说也是体面的职业。”曹洁从学校毕业后，曾在一家企业工作，一年后发现还是经营家庭农场更有前景，于是毅然辞职回乡，跟着父亲学起了种田技术。

“家庭农场”是一个起源于欧美的舶来词。在中国，它类似于种养大户的升级版。通常将其定义为，以家庭成员为主要劳动力，从事农业规模化、集约化、商品化生产经营，并以农业收入为家庭主要收入来源的新型农业经营主体。2008年党的十七届三中全会报告第一次提出将家庭农场作为农业规模经营主体之一。之后，每年中央一号文件多次提到家庭农场，鼓励和支持承包土地向专业大户、家庭农场、农民合作社流转。

截至2016年年底，中国已有各类家庭农场87.7万家，逐渐成为国内农业生产的生力军。其中，经农业部门认定的达到41.4万户，平均每个种植业家庭农场经营耕地约170亩。据农业部对全国3000多户家庭农场生产经营情况

曹林坤承包的稻田

的典型监测，家庭农场的年均纯收入在25万元左右，劳均纯收入近8万元，高于普通农户的收入。十九大报告中，习近平总书记提出乡村振兴战略，强调适度规模经营，为家庭农场的发展带来了新机遇。

三、合作社社员——互助合作奔小康

2017年1月22日，四川省眉山市东坡区好味稻水稻专业合作社呈现出一派过年的喜庆气氛，300多名种粮农民一早赶来参加一年一度的社员大会。最令社员们高兴的是，一年辛苦后，收到了一份来自合作社送出的620多万元的“大红包”。

2014年，东城区尚义镇全意村村民吴福军在外地从事建筑行业20多年后，计划回家务农，流转附近外出务工农户的土地种植水稻。在他的带领下，村民们成立了专门种植水稻的合作社——好味稻水稻专业合作社。他采取“水稻＋蔬菜”轮作方式种植的240亩田，从选种到育秧、插秧、收割、烘干，都由合作社提供服务。他和妻子主要把心思放在田间管理上，水稻秋收后再种植一季“订单蔬菜”，出售给当地的泡菜企业。截至2016年年底，好味稻水稻专业合作社已发展社员355人。

“没想到今年合作社一亩田给我分了270元红利，我家种植的240亩水稻，其实在此之前已经收入了10多万元利润，加上分红后，总的纯收入就上20万元了。”吴福军领到分红款后十分高兴，感叹道：“谁说种粮不赚钱？”

“五个统一”是这个合作社探索出的种粮模式，即统一农技推广、统一农资购买、统一农机服务、统一质量标准、统一产品销售。该合作社与四川农业大学、眉山职业技术学院以及当地农业局、科技局等共同成立了“专家大院”，专家们轮流为社员免费讲解农技知识。合作社有大型农机130余台，包括插秧机、粮食烘干机等，极大地提高了粮食生产效率。

“让想种田的人会种田，让会种田的人能赚钱”，是这个合作社的社员们常念叨的一句话。目前，该合作社粮食生产全程机械化，与传统的种粮模式相比，每亩田可减少成本150元左右。合作社去年又专门成立了一个部门，负责把优质稻谷加工成大米后销售，进一步提高了附加值。

在中国，像好味稻水稻专业合作社的农民一样组织起来，充分对接市

好味稻水稻专业合作社产的大米在成都很畅销

场，抵抗市场的不确定风险，这已经越来越普遍。这样的组织带动了社员的发展，帮助社员享受到新的技术、新的经营思路，拓展了销售渠道。

目前，农民专业合作社组织形式不断丰富、行业领域不断拓展、产业链条不断延伸，带动引领作用不断增强。因此，国家每一年的中央一号文件都提出要重视合作社的发展，国家也给合作社的发展提供了大量的优惠补贴、培训、免税等政策支持。截至2016年年底，全国依法登记的农民合作社达179.4万家，入社农户占全国农户总数的44.4%。其中，国家示范社达8000家、县级以上各级示范社达13.5万家、联合社7200多家。合作社内涵式发展迈出了新步伐，超过一半的合作社提供“产加销”一体化服务，8万多家合作社实施标准化生产，7万多家合作社注册商标，4万多家合作社通过“三品一标”农产品质量认证，2万多家合作社创办加工实体，2万多家合作社开设社区直销店开展“农社对接”。

四、合作社社长——机械化助力走上致富路

在浙江省宁波市象山县，有一位远近闻名的种粮大户。年过半百的她有着一张黝黑的脸，一副结实又硬朗的身板，一双长满老茧的厚实的手，一看就是与“土”有缘的女人，且有一种巾帼不让须眉的架势。她就是2016年被评为“全国20佳农机合作社理事长”的象山丰盈农机专业合作社理事长钟亚春。她在象山县创造了很多个“第一”：第一个购买插秧机，第一个成为插秧机驾驶员，第一个购买植保小飞机等。

钟亚春从小就勤劳能干肯吃苦。因母亲早逝，父亲腿有残疾，作为长女的她很早就成了家里的顶梁柱。十几岁开始，她就把自己当作男劳力使用，播种、插秧、收割、扶犁打耙，样样都是好手。

2001年春节期间，钟亚春第一次承包了本村外出打工村民10余亩土地。2004年年初，钟亚春将目光瞄上了周边村庄大量荒芜的土地。钟亚春经过反复思考后，毅然决定开荒种粮，从此开始了她的粮食规模化生产之路。

坚持科技种粮，是钟亚春种粮20多年的宝贵经验。起初的创业是艰辛的，只有小学文化程度的她，对农业种植技术掌握得非常少，只能按传统方式进行耕作，亩产没有达到预期。但钟亚春不怕困难，多次跑农林局、农科

丰盈农机专业合作社社员在用插秧机插秧

站，咨询农业种植技术，并自学了《水稻病虫防治》《水稻常见病防疫》等农业科技书籍。通过实践，她逐步掌握了水稻的种植技术，粮食产量保持逐年增产的良好势头。对于从未接触过的新鲜事物，钟亚春没有因为自己文化程度低而退缩。

2009 年，钟亚春看到许多种粮大户的农机经常闲置，而许多农田却得不到及时服务，农机资源没有合理运用，于是萌生了创办农机服务机构的想法，并得到 8 位种粮大户的积极响应，随即成立了象山丰盈农机专业合作社。随着现代农机设备的广泛应用，钟亚春已不仅仅满足于在原来的百来亩土地上小打小闹。2011 年，她流转了珠溪村 650 亩耕田，还把其他种粮大户吸纳进合作社，共享政府的惠农政策。合作社形成了一条集育秧、植保、排灌、机耕、机插、机收、烘干等于一体的产业链，并实现了粮食生产全程机械化。

在自己富裕起来的同时，钟亚春并没有忘记那些弱小的、年龄大的、没有劳动力的农民。在秧苗无着落时，她会把秧盘和插秧机送到田间；收割时，会挤出时间以低廉的价格或者义务帮助收割；碰到技术问题时，她会言传身教，帮助他们及时掌握科学技术。她的创业事迹被广泛传颂后，在附近乡村形成了轰动效应，周围的群众纷纷找上门来，向她取经。她爽快地把自己的成功经验毫无保留地传授给他们。

五、农业企业家——天道酬勤，一分耕耘一分收获

2015 年，湖南省湘潭县乌石镇返乡优秀创业者梁河清以 268 万元的价格收购了湘潭县射铺镇方上桥池子村的粮站。除了政府对建设粮仓的优惠补贴政策吸引他之外，更打动他的是那片没受污染的土地，种的粮食让人吃得放心。

刚刚 30 岁的梁河清，是湘潭县乌石镇四美村的一名农民，朴实而勤劳。他不善言辞，但说的每一句话都很实在。他一直将“良心”二字记在心头，落到实处。在外地闯荡几年后，他回乡创办了金涛盛世农业科技有限公司，年收购加工粮食 1.8 万吨以上，年产值 4500 万元以上，年利润 150 万元以上，有力地推动了农民增收致富和粮食经济发展。

走上创业之路，并非梁河清一开始就设想好的人生道路。他最初是想考大学，成为一名大学老师。但是，2005 年，由于家庭原因，他不得不辍学，只身外出打工，第一份工作就是到沿海地区建筑工地干体力活。后来经亲戚介绍，他转行到一家粮食贸易公司，并拜了一位师傅。几年时间里，他跟随师傅奔走于各个经营场所，出没于大街小巷，积累了丰富的经验，建立了一些粮食经营的客户关系，为日后创业打下了坚实的基础。

在外面拼搏几年后，梁河清辞掉了这份薪水不错的工作，怀着对亲人的思念和闯出一番事业的决心回到了家乡，和父亲一起开办了农业公司。在国家好政策的支持下，公司生意红红火火，顾客络绎不绝。梁河清还开设了几个收购点来收购粮食，把粮食加工后销往全国各地，供不应求，收益可观，既帮助了农民增收致富，公司也获得了很好的经济效益。

梁河清的手掌上有一层厚厚的茧，别人以为是他练武术造成的，其实这是他用手掌碾磨谷子，日积月累留下来的。他的手掌磨脱过几层皮，痛得整晚睡不着。现在他只要把谷子放在手里一碾一磨，就能分出好坏。

梁河清新购置的大米加工机器

如今，公司越做越好，每当别人问他有何秘诀能在短短几年变成身价百万的农民时，他总是说诚信和质量的重要性。他经常跟厂里的师傅们说："我们经营的是粮食，实际上靠的是人品，只要踏实做人，诚实做事，生意就一定会好，就不怕顾客不认可。"在粮食收购上，他"不压等不压价，公平合理"，得到了卖粮农户的称赞；在原材料采购上，他坚持严格把关，保证产品货真价实。

梁河清凭着诚信和质量，他的粮食贸易逐渐做大，中央储备粮库张家界直属库、广东南海粮油、盛湘米业等大企业都主动找上门来，跟他合作。

天道酬勤，一分耕耘一分收获，梁河清成功了。可他还有更远大的目标，他希望公司能成为市级龙头企业，进而成为省级龙头企业。

专业户篇

干一行专一行，致富的良方

导 读

专业户是20世纪80年代在中国农村兴起的，指专门或主要从事某种生产活动的农户，如种花、养鱼、养蜂、养猪、养蚕等专业户，他们把专业化的商品生产与家庭经济有机地结合起来，有自主权，利益直接。

长期以来，中国农村生产力水平不高，专业化分工尚处于开始阶段。特别是因为粮食商品率较低，市场不够畅通，从事非耕地的专业经营缺乏可靠的口粮来源，收入也还不够稳定，除种植业专业户外，其他专业户也大多承包耕地，兼营种植业，实际上仍是以一业为主的兼业农户。

到20世纪80年代中期，在不少地方已出现从事非种植业经营的专业户。为了更好地从事自己的专业经营，他们把承包的土地转让出去，使从事种植业经营和非种植业经营的专业户都得到发展。专业户逐渐兴起，发展迅速，仅在1983年年底，全国专业户约占农户总数的13.6%。农村专业户的经营项目遍及粮食生产、蔬菜种植、养殖、流通、加工等各个领域，一些地区还出现了以从事一两项生产或经营项目为主的专业村，现在流行的说法则是“一村一品”。

农村专业户在实行联产承包责任制基础上兴起，经过几十年的发展演变，特别是2007年《农民专业合作社法》出台后，他们许多已经朝着家庭农场和专业合作社经营方式转化，以新的管理方式参与市场竞争。在农村，他们依然是带头勤劳致富、发展商品生产、改革生产技术的主力军，对推动农村经济向前发展起着重大作用。他们是广大农民共同富裕起来的先行者，是当前农村先进生产力的代表。他们既是适应农业从自给半自给经济向着较大规模的商品生产转化、从传统农业向着现代农业转化这个过程中产生和发展起来的，又是推动这两个历史性转化的强大力量。

安徽省安庆市迎江区新洲乡康宁村发展“一村一品”，全村人种植瓜蒌

总之，专业户的蓬勃发展，对于农村社会经济面貌的改变，具有重大的意义。他们是商品生产者，或直接间接为商品生产服务；他们有文化，有技艺，善经营，能较好地把生产力的各种要素组合起来，使自然资源、生产设备、劳动力、资金和技术得到充分利用；他们大大促进了农村商品生产和商品交换的发展，推动了农村生产的专业化和社会化，推动了生产的协作和联合。

第一节　蔬菜专业户

目前，中国已是世界蔬菜生产和消费的第一大国。自20世纪80年代中期蔬菜产销体制改革以来，全国各地调整了种植业结构，蔬菜生产快速发展，目前已形成华南与西南热区冬春蔬菜、长江流域冬春蔬菜、黄土高原夏秋蔬菜、云贵高原夏秋蔬菜、北部高纬度夏秋蔬菜、黄淮海与环渤海设施蔬菜等六大优势区域，各区域优势品种不同、上市档期交替，形成了良性互补的区域发展格局。

随着市场经济的发展、人民财富积累的增加和生活水平的提高，人们膳食结构不断趋于合理化，对于蔬菜类农产品的需求量不断增多。新思界咨询公司发布的《“十三五”期间中国无公害反季节蔬菜行业分析及投资战略咨询报告》显示，2016 年中国蔬菜类成交额达到 722.48 亿元，蔬菜的种植面积已从 2012 年的 2140.5 万公顷增加到 2016 年的 2268.4 万公顷。

在整个蔬菜需求市场向上走的大背景下，中国农民大量转向蔬菜种植，成为蔬菜种植专业户，发展各种绿色蔬菜，引进新品种，改良土壤，提高产量，增加收入。

为了更好地引导蔬菜种植业的发展以及帮助蔬菜种植农户增产增质增收，国家发展改革委、农业部会同商务部、水利部、财政部、国土资源部、统计局等部门及部分省（市、区）组成了规划编制工作小组。工作小组进行了大量调查研究，总结了中国蔬菜产业发展的成就和经验，梳理和探寻了蔬菜产销存在的问题及原因，分析了未来十年对蔬菜产业发展的需求，研究提出了对策措施，并在反复论证的基础上，编制了《全国蔬菜产业发展规划（2011—2020 年）》（以下简称《规划》）。该《规划》帮助引导各种要素向优势区域集聚，促进生产流通发展，保障市场供应；推进标准化生产，提高产品质量安全水平；加强信息监测体系建设，引导生产和流通；发展壮大农民专业合作社和农业龙头企业，提高组织化程度和产业化水平；加强体制机制建设，抑制市场和价格波动。

一、大棚种植户——精打理，苦钻研，成就致富路

辽宁省葫芦岛市寺儿堡镇的管家父子通过几年的摸爬滚打，愣是把“靠天吃饭”变成了“土里捞金”。2017 年，他们靠着 1.5 亩蔬菜大棚，一年收入近 10 万元。这让全村羡慕不已的同时，也给村里人指出了一条致富路。

管玉成家住寺儿堡镇寺前村，家里一共 5 口人，除了老伴张素艳，还有两个女儿和一个儿子，全家人的生活就指望那 4.5 亩地。像众多庄稼人一

样，管玉成家也种苞米，年成好的时候，一亩地能产大约500千克粮食，一年到头，也只能挣到约4000元，算下来，每人一年的生活费还不到800元。2012年的一天，管玉成了解到国家在大力帮助农民拓宽致富渠道，鼓励农民扣蔬菜大棚。已快50岁的管玉成把心一横，也想试试扣蔬菜大棚，他的想法得到了老伴和子女的支持。于是，管家的房前和房侧就多了两个蔬菜大棚。

由于是土生土长的农民，他们不懂得专业的蔬菜栽培技术。头几年，大棚一年只种一茬大头菜，虽然收入比种苞米稍微高点，可相比投入来说，收入偏低。

退伍军人出身的管玉成有一股要强劲儿，善于边干边学。为了提高大棚蔬菜的产值，他向村委求助。村委给他找农业技术员做指导，他逐渐掌握了各种蔬菜的习性、生长周期、常见的病虫害防治办法、浇水施肥方法等。他还经常关注央视的农业频道，了解国家对农业的扶持政策，掌握一些最新的农业栽培技术。

通过几年的摸索，管玉成发现，要想发挥出大棚的作用，必须时刻紧跟市场的需求，根据季节的变换，提高土地利用率。过去每年只种一茬蔬菜，现在每年种植三茬蔬菜；在种植品种方面，也不能光种一种蔬菜，应该让种植品种多元化。

掌握了作物的生长规律和大棚的管理方法，他头茬种植厚皮甜瓜，中间种植黄瓜和豆角，末茬种植生菜、芹菜、菠菜、油菜、香菜、茼蒿等小菜，三茬种植让大棚全年不歇着。在销售方面，他勤跑市场，了解行情。他家的菜主要就是供给周边市场，像寺儿堡镇、沙河营乡、新地号村和二台子批发市场等，经济收入十分可观，他成了村里扣大棚的行家里手。他还担任村里的蔬菜大棚种植技术员，给村民普及农业技术，教他们也扣上蔬菜大棚。

他觉得，从小额贷款开绿灯，再到农业技术免费培训，政府的政策帮助他先富了起来，他愿意把经验和技术教给更多村民，带大家一起奔小康。他认为，一个人富不算富，大家富了才叫富，等村里大棚种植形成规模了，会有越来越多的人找上门来，到时他们不出家门也能挣钱了。

大棚种植户一年到头几乎都在田间劳作，卖了一茬，马上又种一茬。但是，如果经营得好，菜农的收入比单纯种植粮食高好几倍。如今，蔬菜大棚

大棚里的反季节蔬菜喜获丰收

种植已经遍布全国，成为许多农民增收的主要渠道，部分在外打工的农民也返乡发展蔬菜种植业，建蔬菜大棚，走上致富路。

对此，各地政府也给予积极扶持。2017 年福建省对设施农业温室大棚进行补贴，福建省的农户、专业大户、农民合作社、家庭农场、农业企业等均可申报，补贴标准为 0.5 万 ~10 万元 / 亩。

在安徽，日光温室集中连片 50 亩以上的，每亩奖补 1500 元。钢架大棚 100 亩以上的，每亩奖补 400 元；200 亩以上的，每亩奖补 500 元；300 亩以上的，每亩奖补 600 元。露地 300 亩以上的，每亩奖补 100 元；600 亩以上的，每亩奖补 150 元。

随着菜农对蔬菜品种的更新和科学化种植要求的提升，菜农对大棚蔬菜种植知识的需求也逐渐增加。农业部便积极组织全国各地的蔬菜种植大户参加培训。2017 年 3 月 15 日至 19 日，举办了全国大棚蔬菜种植技术培训，有来自新疆、江苏、河北、河南、广西、广东、湖南、湖北、山东等地的50多个学员。

二、蔬菜种植专业合作社经营户——科技种植，增产增收

肖炼，出生于1985年，是湖南省湘乡市梅桥镇有名的蔬菜种植大户。他踏实勤劳，经过几年的艰苦探索，终于摸索出一套适合自身发展的蔬菜种植路子，在全村起到了带头示范作用。

2013年，他面对万金村人多地少的困境，充分利用本村的区位优势，尝试在自己的承包田里种植品优蔬菜。肖炼首先到书店买来种植蔬菜的有关资料，一边学习，一边摸索，慢慢地掌握了书上所说的保温、育苗、管理及病虫害防治技术。在当年春节，他先试种了3亩地的青辣椒，当年收入了1.5多万元。初尝甜头的他在逐步扩大种植面积的同时，又学习了更多畅销蔬菜的种植技术，也获得了较好的收益。到了第三年，肖炼已发展种植面积300多亩，一边在实践中不断摸索总结经验，一边虚心向市农业广播电视学校的专家学习

蔬菜种植专业社的员工正在收土豆

蔬菜种植技术。

3年前在市农业广播电视学校、镇农业技术推广站的推荐帮助下，肖炼成立了双向种植专业合作社。现在社员们逐渐掌握了蔬菜种植的致富门道，还通过新型职业农民培训掌握了种植技术。尝到甜头的社员、群众，积极投身到蔬菜种植事业中，种植面积不断扩大。在他的基地，红菜苔亩产可达3000千克，上市时间比全市其他地方提前10天，每亩地的收入可达1.5万元。肖炼的种植专业合作社如今已熟练掌握了10多种蔬菜的生产技术，种植蔬菜350亩，年收入50余万元。

肖炼，这个淳朴的青年农场主凭着一股不甘人后大胆尝试的劲儿，脚踏实地地走过一段艰辛的创业历程。他不仅靠新型技术种菜自己走上了致富之路，还利用自己所掌握的技术指导乡邻们种植蔬菜。

在全国，像肖炼这样办蔬菜种植合作社走上致富路的农民越来越多，他们通过“合作社＋农户”“公司＋合作社＋农户”的模式扩大种植规模，收入的增加使得合作社更有能力和条件引进新品种和科学种植技术，提升附加值。过去农民种植蔬菜后，多是商贩来收，价格压得很低。合作社的发展模式改变了这一局面，菜农们联合起来，让有能力的人去跑市场，找销路，开展“农超对接”“大型酒店送货上门”“批发市场对接”等营销活动。一些经营好的蔬菜种植合作社一般都会有块实验基地，遇到好的品种都会先在基地试验，试验成功了，再推广给合作社农户种植，在农户种植过程中也会有技术人员跟踪指导，这使得农户告别了盲目与低效的种植方式。好的品种，也帮助合作社的蔬菜在当地逐渐形成了口碑，打出了品牌，既拓宽了蔬菜的市场，也让消费者吃得越来越放心。更有能力的合作社，会选择进行精加工和精包装，进一步提升蔬菜种植的收益。

总之，蔬菜种植合作社更利于农民联合起来应对蔬菜市场价格快速变化的风险，寻找相对稳定的蔬菜销售渠道，增加菜农的整体收入。

三、“互联网＋”蔬菜种植户——做时代的追随者

2016年9月12日上午，河北省保定市徐水区北青公村，42岁的村民马宝锁正陪着李保淑察看冷棚葱苗的长势。马宝锁从2015年开始跟着李保淑种

植无公害蔬菜，当年种了 10 亩菜，纯收入近 20 万元。

由于蔬菜市场变化很快，经常是一天一个价。对于菜农来说，蔬菜价格的变化，让他们的收入受到极大的影响。以在当地被称为“菜疯子”的黄瓜为例，今天市场批发价每斤 2.5 元，明天可能就是 1.5 元，后天甚至是 0.5 元。市场行情变幻莫测，使得基层菜农只能靠“赌”。

村民任文学 2014 年承包了 40 亩地种白菜，当年才两分钱一斤，最后近百万斤大白菜都喂了羊。他的遭遇，是众多基层菜农的一个缩影。李保淑治“赌菜”的法子是会员制，通过让消费者交费成为会员，使会员既能够吃到放心菜，也使得菜农不会经历价格“过山车”。

2016 年 3 月，李保淑开始用淘宝、微信商城来售菜，她让上大学的儿子找同学设计了一套软件，可以让会员在网上下单订菜，然后从会员费里自动扣除菜钱。这大大增加了会员的发展速度和销售的便利。目前已经有近 5000 人交了会员费，会员费最初是每年 1000 元，现在是每年 1500 元。

2012 年刚起步时，她只有 8 个大棚，不到 20 亩地，跟她合作的菜农只有

村民高兴地在网上看蔬菜订单

4户。短短4年，她的蔬菜专业合作社已经有8个种植基地，约2000亩地，涉及4个乡镇15个村，共800多户菜农加盟。她发现，能赚钱才是菜农认可的最大动力。线上找她合作的蔬菜种植户也开始大量增加。

对于农村的菜农而言，农村通路、通电、通网，使得越来越多年轻的农户用上了电脑，加上物流系统向乡镇和部分农村延伸，农民网上卖菜已不是新鲜事儿。农民将种的蔬菜拍了照放到网上，直接面向来自全国各地的消费者，实现种植者直接对接消费者。

对于每个家庭来说，生活离不开买菜烧饭，随着移动互联网的发展，传统的蔬菜销售模式正在慢慢转向电子交易，大众的生活正在被多种新型交易方式悄悄地改变着。同样是买菜，人们不用每天穿梭在嘈杂的菜市场，仅仅打一个电话，抑或是花一两分钟时间在手机上轻松下单，足不出户便能将新鲜蔬菜从农场“搬”到自家餐桌。

另外，互联网的深入发展也会越来越改变蔬菜配送行业的发展。它打破了蔬菜配送行业原有的信息不对称性格局，竭尽所能让一切交易信息变得透明起来；它对大数据进行整合利用，使得资源利用最大化；互联网的群蜂意志拥有自我调节机制，可以对市场价格自动纠偏。

总之，互联网的发展会带来蔬菜行业全产业链的改变，蔬菜种植者也有机会参与到每个环节，寻找发展机会和利润增长点。

第二节　养殖专业户

养殖行业与人口及社会消费水平密切相关。中国养殖业的发展之路，即是新中国社会经济发展历程的一个缩影。改革开放前，国内生产力水平较为低下，社会商品资源匮乏，人民消费能力较弱，仅能达到温饱，故此养殖产品的生产和消费量较小。中国肉类协会的统计数据显示，1977年中国猪、牛、羊存栏总数分别只有29177.7万头、7039.8万头和16135.7万头，1978年中国人均肉类占有量只有9千克。

改革开放后，中国经济开始全面复苏，市场日趋活跃，物质短缺局面得到缓解，为经济全面发展奠定了坚实的基础。经济调控模式，经历了从计划经济到“以计划为主，市场调节为辅”，再到“有计划的商品经济”的转变，逐步形成了计划经济与市场调节有机结合的调控模式。这一阶段中国的肉类生产逐步得到提高，产量增长较快。到1990年，全国肉类总产量达到2857万吨，10年间增长了126.58%。进入新世纪后，养殖产品供应总量逐渐赶超社会实际消费量。2006年，中国肉类总产量7089万吨。之后几年，肉类产量大部分呈增长趋势。到2016年，全年肉类总产量8540万吨。

肉类产品生产量的增加，背后伴随的是中国经济的发展带来城市化的发展，中国城市化率从2007年的45.89%逐年稳步提升到2016年的57.35%，农村人口向城镇迁移，其消费习惯也逐渐向城镇居民靠拢。饮食结构上，肉类需求的比重逐步扩大，这极大地带动了国内养殖业的发展，以满足消费者对不同肉类产品的需求。

肉类消费的增长，使得国内的养殖业获得极大的发展，更多的农民走上了规模养殖、专业养殖的道路，成立养殖合作社、家庭农场，或者采用“公司＋农户”的模式。近年来，随着食品安全问题越来越严重，越来越多的消费者开始关注生态农产品，其中也包括肉类产品。种养结合的生产养殖方式，重新进入大众视野，并受到人们的欢迎，也为中国传统养殖户带来了新的发展机遇。

一、规模养殖户——走上专业致富路

在四川省眉山市洪雅县余平镇春风村，“养猪西施”曾枝的名字无人不晓。村民们提起她，都赞不绝口：“这么年轻美丽的姑娘竟然回乡养猪，而且养得那么好，真让人刮目相看。”

24岁大学毕业后，曾枝先在成都卖盒饭，掘到人生第一桶金。2015年，她回到家乡，成为了一名“养猪专业户”。2016年年底，她被评为眉山市洪雅县“年度创业之星”。

2014年12月，她了解到家乡要成立养猪合作社，这件事一下子击中了她的心。她出生在农村，总想着回家发展。在丈夫的支持下，她谋划着第二个创业梦。

创业之初，困难总是接踵而至，场地不够，养猪技术缺乏，资金短缺，等等，一道道难题摆在曾枝面前。但她的性格是，遇到问题就要想办法解决问题。场地不够，她就跟邻居换，换地非常麻烦，她不厌其烦，通过一次次沟通协商，终于换好了；不懂养猪技术，就利用一切时间看书、看视频、请教专家，摸索门道；建造资金不够，只能四处借钱，负债累累。这样慢慢地入了门，她也开始有了自己的创新。

当有人向她请教养猪的经验时，她俨然是一个养猪专家，侃侃而谈：“养猪场的建筑以环保、科学、资源的合理利用为前提。我建了两个直径 6.5 米的大沼气池，产气量较大，自己家里及邻居都用上了沼气。圈舍里没有采取最节省人力的水泡粪，而是人工铲粪，虽然人力成本投入较大，但猪粪可以当有机肥出售，周围都是茶叶地和藤椒种植园，粪渣和粪水都是最好的有机肥，有足够的空间来消化这些肥料。”

如今，她和丈夫每天围着养猪场，丈夫负责日常事务打理，她负责学习研究先进技术。2017 年，养猪场出栏 2700 头猪，产值近 300 万元。这让她对

每周定期清洗的养猪场

农村的发展更充满希望，不断为自己的梦及乡村梦注入新的活力。

养猪专业户走上致富路与他们辛勤工作、勇于探索密切相关，离不开中国整个宏观环境的变化，也与中国居民对猪肉消费需求的增长有关。相关数据显示，2013 年至 2014 年中国农村居民家庭年人均购买猪肉 19.2 千克，城镇居民家庭年人均购买猪肉 20.6 千克。农村人均猪肉购买量为城镇居民的 93.20%，这一比率相对 2010 年至 2012 年上升了 24.3%；随着城镇化进程的加快，这一差距将会不断缩小。2015 年，全国居民人均猪肉购买量为 20.1 千克。

然而，伴随着畜牧业的发展、养殖规模的扩大，出现了饲料原料不足、环境遭到污染等问题，严重制约着中国畜牧业的持续发展。近几年来，以生猪为主的畜禽规模化养殖迅速发展，传统分散养殖逐步向现代规模养殖转型。随着市场竞争的加剧以及对养猪污染的整治，对养猪户的技术和环保要求越来越高。中国生猪养殖行业经历了一个从低水平的小规模养殖为主逐步向高资金和高技术投入主导的集约化养殖模式发展。十几年来，中国年出栏 50 头牲畜以下的小规模养殖户大量退出，从 2003 年的 1 亿多户减少到 2014 年的不足 5000 万户。年出栏 50~99 头牲畜的养殖户在 2012 年之后也开始减少。与此相反的是，年出栏 10000 头以上的养殖场持续增加。

二、生态养殖户——传统“种养结合”的典范

2017 年 10 月，稻谷已经收割完毕。湖南省衡山县长江镇新泉村种粮大户罗绍祥雇请了挖掘机，在田里开沟，准备再增加 100 亩稻田来养鱼。近两年来，罗绍祥稳步发展稻田养鱼 300 亩，每亩收入逾 6000 元。眼见效益好，其他种粮大户也开始“跟风”。同村的罗谷新等 7 户天天围在田垄上，看开沟标准，问鱼苗来源，各自盘算着，小则几十亩，大则上百亩，也要发展稻田养鱼。

而在 10 多千米外的萱洲镇，种粮大户赵杰勇已发展稻田养鱼 600 亩，争创有机品牌，带动了周边 13 个种粮大户加盟，产销一体化发展稻田养鱼。

稻田养鱼本是山丘农民的老传统，多年沉寂后又流行起来，原因何在？过去一家一户只有几亩田，发展稻田养鱼，管理耗工太多，增收几千元，吸引力不大。如今大户种田，稻田养鱼上规模，效益非常可观。衡山县的稻田

养鱼，既种优质稻，又养鲤鱼和鲫鱼。按一般水平，每亩产鲜鱼 50 千克，市场价每千克 40 元左右，仅卖鱼的收入就有 2000 元左右。

稻田养鱼，增收潜力最大的还是水稻。赵杰勇的 600 亩稻田，2017 年全部种植高档优质稻“沁香一号”，每丘田四周开沟，水浅时鱼就在沟里活动；禾蔸间距加大，方便鱼游动、觅食。虽然水稻单产只有 350 千克左右，按 40% 的出米率，可加工国家一等优质米 140 千克，每千克卖价高达 70 元，每亩水稻收入近万元。

养鱼的稻田，同样是种水稻，为何能生产出“天价米”？秘密还是在鱼身上。众所周知，稻田打了农药、除草剂，就养不了鱼，“稻底鱼”是生态活广告。稻田养鱼是一个绿色循环系统：水稻为鱼提供氧气、食物；鱼为水稻除草、松泥、除害虫，鱼粪还能肥田。这样生产出来的香米、鲜鱼，尽管售价不菲，但还是很受消费者欢迎。

稻田养鱼模式已在衡山县大力推广，如今，衡山县以“稻底鱼”打造生态名片，让生态种养理念扎根千家万户，找准了农业供给侧改革的切入点。2017

衡山县农民的稻田里放养了大量红鲤鱼

年，衡山县扶持60多个种植大户，示范稻田养鱼7000多亩，户户显著增收。10多个贫困村已向县畜牧水产局申请，要求立项扶持稻田养鱼，争“抢”技术员驻村指导。

稻田养鱼的种养结合模式将越来越受到社会的欢迎，它是一种生态循环农业形式，将种植、养殖结合起来，构成完整的农业链，不仅能解决禽畜粪便净化、作物秸秆燃烧等问题，还能提高经济效益。比如，重庆市潼南县大鹏种猪专业合作社走“猪—沼—菜（果）”模式，猪粪经干湿分离、发酵处理后，沼渣作为底肥用于蔬菜和柠檬种植，沼液作为水肥用于蔬菜和柠檬追肥，沼气作为燃料用于做饭、照明、取暖等，实现了“养殖无污染、菜果无公害、燃料更清洁”的生态环保目标。

类似于衡山县种养结合的农业发展模式，还有“牛（羊）—沼—菜（果）”“猪—鱼—青梅”“猪—沼—蔗（花、稻、烟、桑）”“三种五养，稻鸭共育”“优质土鸡—竹园（板栗园）”“鸡—粪—鱼（珍珠）”等多种种养结合典型模式。总之，种养结合的生态农业发展模式与十八大以来提出的生态文明建设大背景紧密契合。以农户为单位推行“种养结合、以养促种”，实行循环农业生产方式，符合中国可持续发展战略的需要，具有显著的经济、社会和生态效益。

第三节　花卉种植专业户

20世纪80年代，仅有一些农民在自家的田里种植花卉，而且规模小，品种杂，种植分散，产品质量不高。到1984年，全国花卉种植面积仅有1.4万公顷，产值6亿元。之后，随着国民经济的快速发展，城市绿化、美化要求的提高，以及市民对花卉需求的迅速增长，各地把发展花卉业作为调整农业结构、增加农民收入的重要途径之一。这加快了花卉业的发展进程。2000年，全国花卉种植面积已达到14.8万公顷，销售额为158.2亿元。进入21世纪，随着经济全球化的逐步深入，花卉生产由高成本的发达国家向低成本的发展中国家转移，特别是在中国经济社会不断发展、花卉需求不断扩大的新形势下，花卉种植面积大幅增长。2016年，全国花卉种植面积132.91万公顷，销售额1616.49亿元，出口额5.94亿美元。30多年来中国花卉生产总面积增长了80多倍，销售额增长了200多倍，出口额增长了300多倍。

鲜花的消费兴起于20世纪80年代中期，早期多集中在会议、婚宴等方面，批量采购，单价较低。除此之外，节假日鲜花礼品也构成花店主要的收入来源。随着生活品质的不断提升，鲜花消费场景更为多元，日常生活中鲜花订购需求兴起。

目前，就花卉产业的发展规模而言，中国已经成为世界上最大的花卉生产基地。除了早期自然形成的花卉生产外，随着市场经济的不断深入，由市场拉动与政府引导形成的商品花卉产区也得以大规模发展，这一特点在中国不少花卉主产区都得到体现。其中浙江、江苏、河南、云南是中国花卉生产的主要基地，农民多以合作社、“公司＋基地＋农户”的方式，参与到花卉种植环节。

一、花卉种植合作社社员——在花香中探索发展路

百合花，寓意百年好合、百事好合，在普通老百姓的心里，代表着吉祥喜悦，而在辽宁省沈阳市思颖花卉专业合作社的社员心里，它更是富裕之花、幸福之花。2008年，思颖花卉专业合作社在沈阳市于洪区马三家街道成立。在合作社社长刘永彪的带领下，合作社充分发挥党员带头致富作用，开辟了党群共同致富的新途径，带领200多家农户，共同走上了种植花卉的致富路。

2008年春天，刘永彪在街道党工委和村党支部的帮助下，组建成立了思颖花卉种植专业合作社，刚启动就有6家花卉种植户加入。

合作社成立后，他们开始仔细调研，最终选择了种植百合花。但是要想获得好的收益，必须扩大花卉种植面积，这样一来，资金、土地都成了问题。正当他发愁时，街道党工委、村党支部再次伸出援手，通过沟通协调，帮合作社向银行贷了款，又帮合作社流转了200亩耕地。

2017年，合作社已经开始走“产、供、销”一条龙服务的道路，并与农业部所属的专门从事草业发展的国有企业克劳沃集团保持着密切的合作关

系，该集团派多名专业技术人员赴合作社进行技术指导。

加入合作社之前的谭东，一家 3 口仅靠种 6 亩旱地为生，生活困难。消息传到了合作社，于是，合作社党支部讨论决定让谭东到园区打工，一来可以直接解决他的生活困难，二来可以让他学习花卉种植技术。这一下彻底改变了谭东的生活。在合作社，他一边学技术，一边想点子，当他学成花卉种植技术后，合作社党支部帮助他筹措资金，建起 8 个温室。谭东就这样成了致富能手，现在每年的收入都在 12 万元以上。

“一人富不算富，大家富才算数。”思颖花卉专业合作社组织党员在促进合作社经济发展中创先进，在带领社员致富中争优秀，坚持新技术党员先学、新品种党员先试、新设施党员先用、生产风险党员先承担，取得成效后再向社员推广，切实做到“做给农民看，带领农民干，帮助农民销，实现农民赚”。

花卉附加值高，在条件适宜的地方，花卉种植成为地方特色农业发展致富的重要道路。以云南省昆明市为例，现有切花面积 12600 亩，其中国有企

昆明斗南花卉市场

业有836亩、集体企业有928亩、三资企业有1586亩、个体农户有9250亩，分别占总量的6.63%、7.37%、12.59%和73.41%。农民用自己的责任田种植花卉，投资少、效益高，亩均产值上万元。以农民为主体的斗南花卉交易市场已成为全国最大的鲜花批发中心之一，客商来自全国各地，每天进场交易人数不低于2000人，日销售鲜切花120万~150万枝，交易额在100万元左右。斗南花卉已成为一个品牌闻名于全国，广大花农已实现了脱贫致富的目标。

云南省政府从各个方面给予花农政策支持，进行税收减免和基础设施建设。同时，政府联合企业、科研院所帮助建立完善花卉产业化发展的科技支撑体系：

（一）以云南省农科院为依托，充分调动昆明动植物检疫局、昆明植物研究所、云南农大以及大企业的科技人员，在云南省农科院园艺所的基础上组建云南省花卉研究和育种中心。

（二）加强种苗生产和供应体系建设。云南省农科院园艺所、英茂花卉公司等已经形成年产1.5亿株以上的切花种苗供应能力，完全能满足全省切花种植的需要。

（三）建立稳定的科技培训、推广体系。以企业为主体，依托现有大中专院校和科研单位建立培训体系，同时办好中以、中荷两个培训中心，及时提升花农的技术水平。

（四）由云南省农业厅牵头，云南省花产联具体组织花卉企业广泛开展国际交流，通过项目合作，品种、技术引进，加快与国际市场接轨步伐。

二、“公司+基地+农户”——种花有指导，销售有门路

位于湖北省襄阳市襄州区黄龙镇东北部与枣阳市琚湾镇交界的王门村，地势起伏不平，是典型的丘陵地带，有6个村民小组，300户1150口人。耕地面积2800亩，其中水田面积1000亩。整个村水利资源极其贫乏，农业生产条件极端恶劣，农业种植无保障，是黄龙镇最偏远、最缺水的村之一。

偏僻的地理位置，恶劣的生产条件，如何才能走出一条发展之路、致富之路呢？

2010年，通过种风景树致富的张运兵，看着同村的群众仍然在贫困路上

挣扎，决定带领村里的年轻人一起奔上致富路。为了让村里人丢掉前怕狼后怕虎的思想包袱，张运兵多次到襄阳市寻找合作对象，最终与襄阳林翰园艺工程有限公司达成合作协议，王门村成为该公司的花卉苗木基地，走上“公司＋基地＋农户”的发展模式，以此引导村里人发展。

变与不变，一念之差；干与不干，一步之遥。2014年，张运兵先在整体帮扶思路上进行了整理，对想发展花卉苗木的做到三帮：帮助选苗进苗，帮助技术指导，帮助管理销售。同时，对于部分有实际困难的村民，他根据各自的实际情况，从资金、技术上进行倾斜。

黄成是王门村三组人，家里有几十亩田地。传统种植是年年种天天管，全家上阵忙不停，年底算账平扯平，这让黄成很是苦恼。他看到张运兵种植苗木赚钱了，心里也打起了小算盘，主动找到张运兵说了自己的想法。张运兵当即表示全力支持。针对黄成的实际情况，张运兵自掏腰包，帮他垫付2万多元用来进苗木。同时，他定期到黄成的苗圃里进行技术指导。在张运兵的全力帮助下，黄成的20多亩苗圃迎来了丰收年景。现在黄成家不但盖了楼

农户正在给花卉修剪枝条

房，还买了小轿车。

2016年，张运兵从农户手中又流转了40多亩土地，种植面积扩大到250亩，品种有10多种。他紧跟市场需求的变化，调整种植品种，生意越做越红火。当发现客户需求正在转向一些花期长、造型优美的景观花卉苗木，而且价格较高时，他便对市场进行重新定位，投入20多万元，新建3亩大棚，发展特色花卉苗木。原来只能做盆景的月季花，在他这里，被技术人员成功嫁接到树上，可以作为景观树栽在道路两旁。目前，黄龙镇有20多家苗木种植户在张运兵的帮助下，靠花卉苗木成为致富标兵。

“合作社+公司+基地+农户”的产业化模式实行统一供种、统一收购、统一加工、统一销售的一体化运营模式，确保了产品从种植、生产到销售全过程的质量安全，走出了一条合作社参与组建龙头企业，企业连基地，基地带农户的新路子，合作社、企业与农户之间实现利益共享，风险共担。这种模式降低了种植风险，也给没有投资能力的农民带来了发展机会。

第四节　运输流通专业户

中国当前正处于物流业高速发展时期，根据国家统计局数据显示，尽管近期增速有所放缓，但中国物流业总体仍呈增长态势。全国社会物流总额由2009年的96.65万亿元增长到2015年的219.2万亿元，社会物流总费用由2009年的6.09万亿元增长到2015年的10.80万亿元。

在物流运输中，公路货运是中国陆上的主要运输方式，且常年稳定在75%左右，而铁路货运量所占比例逐年下降，2015年仅为8.1%。可见，公路货运是综合交通运输体系的重要组成部分，是国家物流系统的重要依托，是国民经济发展重要的基础性服务业。公路货运业的发展也创造了大量的就业机会，使得更多的农民离开农业走向服务行业。

公路的建设与发展，不仅促进了货运的发展，也极大地提高了人们出行的频率，改变了村民的出行方式。特别是随着乡村公路体系的修建与完善，人

2009—2016年 全国社会物流总额

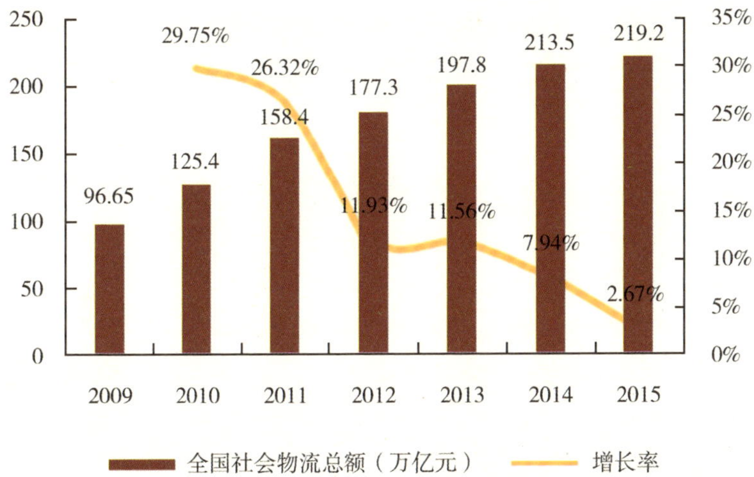

们出行的工具也有了极大变化。目前，较为先进的农村基本已经淘汰了自行车，而主要依靠更加省力的电动自行车和摩托车。当出行距离超出乡镇范围，出行半径超过 8~10 千米时，摩托车已经不能满足出行的需要。现在，农民到县（市）里主要依靠公共交通或私家车，出行的次数也大大增加了。据媒体报道，四川省山村里的一位老奶奶曾经一个月步行一次去镇上添置家用物品，现在是一个星期去一次，坐上乡村客运汽车，一个半小时就到了镇上，偶尔还会乘公交去县城里逛逛。

一、货物运输专业户——走出家门天地更宽

孙拴叶是陕西省渭南市西固镇东文化村二组农民。1984 年，她和王建生结婚时，房屋是庄基半院、小窑二孔、草房三间，没有一件时兴家具。他们和村里很多人一样挣扎在温饱线上。丈夫老实本分，心地善良，胆小守业，全家大小 11 口人，上有年迈多病的祖父、婆婆，下有几个年幼的妹妹。老人和丈夫墨守成规，缺乏闯劲，家庭的重担就压在了她的肩上。糊口求生，四处奔波使她穷则思变，心如火燎。

她当了信用站站长后，经济上有了补助。于是，她在经营传统农业的基础上，又经营了近 10 亩果园，经济上略有宽余。她家新修庄基之后，家中经

济再次拮据起来，她舒展开的脸庞上又紧锁起眉头。经过分析，她认为，唯有从事汽车运输，才是解她家的燃眉之急。

她做汽车运输基本是从零起步，其中的艰难不言而喻。“说了算，定了干，天大困难不改变”一直是她持家度日的坚定信念，东凑西借加上贷款，并联合 3 家农户才合伙买了一辆汽车。在经营了一年略有盈余的情况下，她采取退股加借贷的方法独自买了一辆大拉煤王汽车。在丈夫性格本分内向，一时走不出去的情况下，她亲自出马，走东闯西看市场，走南闯北找货源，东奔西跑，繁忙劳累。有竖大拇指称赞的，也有冷嘲热讽挖苦的。特别是和外界打交道时，有的刁难，有的戏耍。这些在她内心深处留下了深深的烙印，不过她仍然表现出一种沉着、冷静、大度的气魄。久而久之，丈夫成了她的得力帮手。她也在长期锻炼中，人脉更广了，业务更精通了。

20 多年来，她先后跑了山西、河南、湖北、湖南、广东等地，阅历丰富的她深深体会到：“货在市场，钱在路上，走出家门天地更宽。”

运输业的发展给农民带来了发展的机会。目前，中国约有 1500 万辆载货

高速限行时，高速路上的货车排起了长队

汽车，3000 多万名货车司机，平均每天在途货运量 8400 余万吨，占中国货运总量近 8 成。

从农村家庭走出来的人在运输业中占了相当比例，因为做这一行的人要特别能吃苦耐劳。货车司机的吃喝拉撒基本没有规律，如果要货要得急，连进服务区上个厕所的时间都没有。货运行业大幅压缩时间后，货车司机白天要忙着找货装货，晚上则要开夜车。为了养家糊口，让家人过上更好的生活，他们不辞辛苦地跑在中国大地上，及时将货物送到目的地。

二、乡村客运司机——乡村公路上的靓丽风景线

2017 年 10 月 10 日下午 4 点多，从檀树到七里坪镇的线路，秦海民已跑了 3 趟，毛收入 100 元左右。扣除成本，净收入约 60 元。

秦海民是红安县“檀树至七里坪”客运班线的“村村通”司机，也是车队的财务。红安县是湖北省客运“村村通”的发源地和试点县。2016 年 3 月，七里坪镇长期跑农村客运的 24 名面包车司机自发成立了农村客运队，以合作社模式管理运营。这一经验成为湖北省典型。该客运队如今已扩容到 47 人，司机们每天早晨准时到檀树客运站集合，然后开车来往于檀树与七里坪之间，成功地解决当地村民出行难的问题。

秦海民拥有一辆长安面包车，2016 年 3 月加入客运队，按照车队“打工分”算，平均每个月收入 2800 元左右，全年约 3.4 万元。他还享有每年 1.4 万元的农村客运燃油补贴（补贴按排量和里程计算），年收入在 4.8 万元左右。

秦海民这样的乡村司机有很多，他们是乡村客运的主力军，多以承包线路的方式经营，夫妻两人进行分工，丈夫开车，妻子售票，这在乡村客运车上是很普遍的现象。许多地方的客运车司机也开始联合起来，组成联营运输队，相互分享乘客资源，提高运输效率，拓宽运输路线。

近 10 年来，乡村客运的发展与这些年中国农村公路的发展分不开。农村公路是中国公路网的重要组成部分，也是服务农民群众生产生活和农村经济发展的重要基础设施。中国农村公路的发展经历了几个大的历史阶段：

从新中国成立到改革开放初期，这一阶段是农村公路的普及阶段。1978 年，全国农村公路里程只有 58.6 万千米，公路等级很低，大量乡镇和村庄都

爷孙俩在城里买好东西后，正准备乘车回村里

不通公路，农村公路建设的重点是解决“通”的问题。

1979 年至 2002 年，这一阶段是普及与提高相结合的阶段。伴随着改革开放的发展和全面建成小康社会的推进，农村公路得到了较快发展。截至 2002 年年底，全国农村公路达到 133.7 万千米，等级公路占总里程的 74.4%。

2003 年至今，是大投入、大发展阶段。中国交通运输部提出了“修好农村路，服务城镇化，让农民兄弟走上油路和水泥路”的工作目标，对投资结构进行重大调整，实施了“东部地区通村、中部地区通乡、西部地区通县”工程，启动“农村渡口改造”和“农村客运站点建设”工程。

据统计，2015 年，全国完成新改建农村公路规模 25 万余千米，全国农村公路通车总里程达到 398 万千米，农村地区交通条件大幅改善。2017 年，实施新改建农村公路 20 万千米，贫困地区 7000 个建制村通硬化路。2015 年，全国农村客运站（含简易站、招呼站）总数达 26 万个，其中等级客运站建设占总数的 5.8%。政府还及时对农村客运车辆足额发放成品油价格补助资金，促进了农村客运“开得通，留得住”。

农民企业家篇

田野里走出的致富精英

导 读

改革开放以来，乡镇企业的异军突起是中国农民继家庭联产承包责任制之后的又一个伟大创造。邓小平曾自豪地说：“农村改革中，我们完全没有料到的最大收获，就是乡镇企业发展起来了，突然冒出搞多种行业，搞商品经济，搞各种小型企业，异军突起。”20世纪80年代初，农村出现了自由市场，一些“能人”，包括一些乡镇干部开始转变为企业家。异军突起的乡镇企业，转移了农业剩余劳动力，提高了农民收入，推进了农村工业化、城镇化进程。随着乡镇企业产权制度改革的深化，乡镇企业演变成民营经济的主体力量，在中国整个工业经济乃至国民经济中所占份额越来越大，为中国工业化发展做出了巨大贡献。

到1997年，全国乡镇企业创造的增加值就达到1.8万亿元，占国内生产总值的比重达30%，占农村社会增加值的60%，乡镇企业已成为整个国民经济的重要组成部分，取得了“三分天下有其一”的地位。到2001年，乡镇工业增加值增加到2万亿元。农村工业已成为中国农村经济的主导产业，是工业经济的“半壁江山”，是国民经济的一大支柱。2010年，乡镇企业的增加值为11.2万亿元，在全国第二产业增加值中的比例提高到59.9%。

中国农民企业家大多产生于乡镇企业和民营企业，由于这些企业中的一大部分是农民的企业，因而在企业家的前面冠以“农民”，称为“农民企业家”。有人提出，既然是企业家，就没有必要称“农民企业家”。著名农民企业家、中国乡镇企业协会会长鲁冠球当时反对取消“农民”二字，理由是农民企业家产生于农民，又要为农民服务，与一般企业家是不同的。

农民企业家群体脚踏实地、吃苦耐劳、肯钻研，从最早的个体户、商贩，到后来的社队办企业、加工厂，再到注册公司，建立健全公司法人治理结构，明晰产权，发展民营经济。同时，他们为地方的经济发展做出了巨大贡献。

第一节　个体户

20 世纪 70 年代末，8 亿多饥寒农民、800 万回城知青和城镇失业大军，像沉重的大山压在中国人肩上。开放个体户创业，解禁乡村家庭工业，恢复城乡小商品市场是大势所趋。中国民营经济的幼婴，在情急之下，获得了一张临时准生证。回城知青、街头小贩、农民、无业游民、投机倒把者等社会最贫寒的阶层，组成了中国民营经济最早的部落，开始了一场改写中国历史的伟大革命。

邓小平一句“允许一部分人先富起来”，让私营经济获得了生存空间。个体户的发展，被视为中国个体经济起步的关键，个体工商户的数量从 1978 年的 14 万户发展到 1986 年的 1211 万户。由于当时正处于短缺经济时期，生产什么商品都卖得出去，提供何种形式的服务都能迎合社会需要，而长途贩运、贱买贵卖获利更为可观。这样，个体经营者逐渐从夫妻档、父子兵、兄弟摊扩大到需要雇人工作，并且雇用人数日益增多。20 世纪 80 年代中期，北京市西城区锦什坊街的个体理发店店主刘万春的事迹登上了香港《大公报》：刘万春为了一位顾客，一直营业到晚上 11 点，这在以前的国营理发店是万万不可能的。刘万春的月收入据计算是 150 元，相当于当时普通工厂一个三级工 3 个月的工资。

一、20 世纪 80 年代的个体户——起早贪黑，敢想敢闯

改革开放初期，“个体户”几乎是待业青年和劳改犯的代名词，投诸他们身上的目光有蔑视，有同情，但也有对他们的“自由身”和迅速致富的暗中羡慕。

1980 年 2 月，一家经营了 28 年的夫妻客店成为《人民日报》报道的对

象。这家位于北京市海淀区八里庄街东口的八里庄天义客店是乔天民夫妻俩在 1953 年 1 月开办的，坚持营业 28 年，以每月平均缴税 10 元计算，共交给国家 3000 多元税款；28 年间来住店的就有近 5000 人次。老乔一家每月能有七八十元收入，能供养孩子们念完中学。

鼓励个体户发展的新闻不断在全国乃至世界诸多媒体上出现。《人民日报》为长途贩运是不是投机倒把辩护：“允许长途贩运是完全必要的。”北京市钱粮胡同的张素珍把 3 台缝纫机抬进拥挤的卧室，办起了一家私营西服缝纫店。美联社记者报道说：“她在赚钱，也在创造中国经济史。”英国《每日电讯报》甚至为“三轮车又回到了北京”感叹不已。

1980 年，章华妹领到了中国第一份个体工商业营业执照；刘桂仙开了北京第一家个体餐馆；年广久靠着炒瓜子赚到了 100 万元；在 3 平方米的小屋子里，郑秀康创办了康奈的前身——红象皮鞋作坊；在重庆，一批“文革”中被当作“资本主义尾巴”的个体商贩重新开业；在上海和辽宁，城镇个体户分别有了 1 万多家；在福州，一直都在或明或暗地经营的个体户，终于可以“按全市商业网点的总布局，在有关部门指定的地点，按规定的价格”进行营业；从昆明到西双版纳，沿途都可以见到来云南做生意的外乡人，他们中有缝鞋的、卖眼镜的，甚至还有镶牙的；温州乐清的电器大军开始悄然走向全国。

1981 年 7 月 7 日，国务院下发了《关于城镇非农业个体经济若干政策性规定》，这是国务院第一个关于个体经济的行政法规性文件，给人们发出了一个重要信号: 个体经济在中国可以存在了，割资本主义尾巴的政策调整了。

从此，沉睡了很久的经商意识瞬间苏醒过来，一些人开始重新审视生活的环境，并努力寻找出路。他们有的挂着“文明经商”“礼貌服务”的招牌在街边摆小摊卖衣服；有的当街支起缝纫机，为排队等候的顾客缝补衣服；还有人支起了沾满污垢的灰白色铁炉，上面架一个热气腾腾的铝盆，里面盛着茶叶蛋。这些人成为最早的一批个体户。在那个年代，“个体户”三个字也逐渐成为自由和希望的象征。个体户算得上高收入阶层，“造原子弹的不如卖茶叶蛋的”一度流行于大街小巷。

二、新时代个体工商户——人无我有，人有我精，人精我新

“张师傅，我又给你介绍了一个顾客，你帮他修一下手机。”说话的是西藏自治区山南市乃东区泽当镇居民白玛，张继辉的老顾客。

1997年，他独自来到西藏创业，至今已20多年。他的老家在陕西省咸阳市渭城区的一个偏僻小村，兄弟姐妹多，生活困难，他听说西藏好挣钱，就独自来西藏闯荡了。

但是现实远远没有他想象中那样美好，由于没有学历和技术，他只能从事一些体力活，搬砖、扛包这些活他都干过。后来，他看到国家出台了许多有关促进西藏发展的优惠政策，也亲眼目睹了这些惠民政策帮助身边许多普通老百姓实现了“脱贫梦”，使他更加坚定了靠技术赢得人生的梦想。

虽然文化程度不高，但是张继辉从小对机器和零件有着特殊的爱好，他修过自行车、摩托车，也修过电脑。后来，看别人修手机挣钱，他也学着修了起来，而且越修越好，这一修就是20多年。20多年来，张继辉靠着过硬的维修技术、良好的服务态度和公道的收费，赢得了顾客的青睐。

客户卓嘎的智能手机用了不到1个月，屏幕就被小孩玩坏了，需要更换屏幕。在别的维修店维修，最低收费是500元左右，可张继辉这里只收300元，而且还有保修单。张继辉是一个非常诚实的人，有一次卓嘎来他店里给手机贴膜时，把手机落在了他的店里。卓嘎回来找时，张继辉已经帮他收好了，等他回来取。

在山南，张继辉不仅获得了财富，还收获了爱情。他的妻子就是看他人品好、技术好才嫁给他的。在他的影响下，现在他们的孩子不仅学习成绩好，而且特别孝顺。

家庭和睦，生意兴隆，进一步增强了张继辉靠技术赢得人生的决心和信心。张继辉经过这么多年的打拼，已经在老家购买了商品房。他坚信，只要技术好、人品好，未来的生活会更加美好。

张继辉是新时代千千万万个体户的缩影，他们凭借自己的双手和智慧，辛勤打拼，成家立业，生儿育女。

如今，民众的消费方式发生了巨大的变化，一站式消费、集中消费、品

牌消费、网络消费等新的消费方式不断被民众接受，层出不穷的新经营方式无疑对传统个体户经营模式造成了冲击，如蔬菜进超市后对农贸市场的冲击，卖场租赁柜台对沿街个体商贩的冲击等。但这些也是个体户拓宽思路的契机。电子商务的流行让很多个体户从实体经营转向了网上开店。在现实中疲于应付的个体户把开网店当成了一个避风港，并雇用多名员工，成立自己的网上客服中心。有人将他们称为“新个体户”。他们有较高的文化素质，而且能够熟练运用互联网等现代经营方式。

总之，从1978年中国出现第一个个体户至今，个体户吃苦耐劳的品性早已得到了印证。个体户以其成本少、风险低、经营灵活等特点在社会中逐渐发展壮大，并遍布社会各个角落。他们吸纳了大批下岗工人、社会青年以及农村剩余劳动力，在社会发展中所起的作用也越来越大。这个群体曾引发出很多争议性话题，曾受到生长环境的挤压，也曾得到国家政策的大力支持，其中的一些佼佼者在摸爬滚打中成为中国民营企业的领军人物。在市场环境由卖方市场变为买方市场的今天以及未来，个体户需要更多地依靠创新。“人无我有，人有我精，人精我变”体现了个体户的灵活性，同样体现了创新意识的重要性。个体户在每个阶段都会遇到新的问题，只有在观念、机制、管理、产品、文化等方面持续创新，才能取得突破与发展。

随着个体经济的发展，个体工商户和私营企业成为吸纳新增就业的主渠道。截至2016年9月底，个体私营经济从业人员实有2.97亿人，比上年年底增加1666.2万人。其中，第三产业个体私营经济从业人员实有2.17亿人，比上年年底增加1418.5万人，占增加总量的85.1%。

目前，个体私营经济已经成为中国财政收入的重要来源、自主创新的重要源泉、新增就业的主要渠道。党的十九大报告强调，毫不动摇鼓励、支持、引导非公有制经济发展，保证各种所有制经济依法平等使用生产要素，公平参与市场竞争，同等受到法律保护，必将为个体私营经济创造更加公平的竞争环境，提供更大的发展空间，带来更好的发展前景。当前，新产业、新业态蓬勃发展，为新常态下的经济结构调整提供了新动能，部分行业受宏观调控的结构性调整效应开始显现，个体经济、小微企业将成为未来经济发展新的增长点。

第二节　乡镇企业家

农民企业家是乡镇企业的主力军，中国乡镇企业始于20世纪50年代，但由于种种原因，在十一届三中全会召开之前，乡镇企业的发展基本处于停滞状态。改革开放以后，乡镇企业才蓬勃发展起来。

乡镇企业萌芽于新中国成立初期的农村副业和手工业。到1957年，第一个五年计划胜利实现后，在人民公社化和大办钢铁的运动中，许多人民公社迅速组织了数千万农民投入了小型炼铁、小矿山、小煤窑、小农机修造、小水泥、食品加工、交通运输等企业。同时，把农业合作社时期建立的许多副业小厂都无偿地转为公社工业。1959年，毛泽东发表重要讲话，指出公社工业是“我们伟大的、光明灿烂的希望”。之后，中央决定进一步调整公社管理体制：公社权力下放，实行三级（公社、生产大队、生产队）所有，以生产队为基础的人民公社体制。从这时起，公社工业转变为社队工业，加上社队办的种植、养殖等企业，后来统称为“社队企业”。

随着十一届三中全会的召开，农村发生了一系列深刻的变革，突破了“以粮为纲”的单一结构，农村产业结构和劳动力就业结构进行了重大调整，发展多种经营和乡镇企业，全面活跃农村经济。乡镇企业异军突起，转移了1.3亿农业富余劳动力，农村开始了史无前例的工业化进程。

为了与1983年废除农村人民公社体制相适应，经国务院批准，1984年3月正式将社队企业更名为“乡镇企业”，并扩大包括社员联营的合作企业、私营企业和个体企业，原有的社队企业归入全乡（镇）或全村农民所有。1984年末乡镇企业数量猛增到606.52万家，较上年净增471.88万家。乡镇企业进入高速发展阶段。

1992—1995年是乡镇企业的第二轮高速增长期。在宏观经济发展环境和经济体制改革影响下，乡镇企业全面发展。针对乡村集体企业存在的产权不清、体制不顺问题，各地通过改革产权制度，完善了乡镇企业的经营机制。针对乡镇企业存在的技术落后、产品质量差、成本高和经济效益低的问题，乡镇企业通过加强科技和人才队伍建设，提高自身素质。针对乡镇企业发展区域的不平衡问题，国家实施了东西合作工程，加快中西部地区乡镇企业的发展。针对乡镇企业高度分散、“遍地开花”的弊端，通过建设工业小区和小城镇，引导乡镇企业集中连片发展。

1996—1999 年，乡镇企业的发展处于变动、整合与提升期。1996 年是国家继 1995 年后第二年实行适度从紧的财政货币政策，乡镇企业的资金紧缺现象日益明显，乡镇企业开始有衰退迹象，城市工业和外商投资企业开始迅猛发展。存活下来的乡镇企业开始寻求新的技术，提升产品质量。

2001 年，中国加入世界贸易组织，为乡镇企业的发展带来了大量机会，规模大一些的企业，开始大力寻找海外市场，或者积极与外来投资者合作，开拓中国国内巨大的市场。

现今，随着城镇和农村基础设施的完善，越来越多的乡村成为中小企业理想的创业之地。另一方面，国家提出“大众创业，万众创新”的号召，这又给乡镇企业的发展迎来了新的春天。

2017 年全国大众创业万众创新活动周现场

一、改革开放后第一代乡镇企业家——敢想敢干，做时代的追赶者

中国乡镇企业家副会长鲁冠球于 2017 年 10 月 25 日离开了人世，但是他的农民企业家精神一直在浙江、在全国被人传唱着。

1945 年 1 月 17 日，鲁冠球出生于浙江一个农村家庭，后来通过经商打拼，成为商界风云人物，成为农民经商的榜样。从一个铁匠铺掌柜到 30 多年后的万向老总，从 4000 块钱开始创业到每年数百亿元营业额，鲁冠球被誉为民营企业老总中的“不倒翁”。

他一生简朴，大半辈子都住在 1983 年修建的农家小楼，厨房是老式的灶台。他每天早上 5 点起床，晚上 11 点睡觉。只要不出差，他便按时回家和妻子一起吃晚饭。他的办公室也多年未变，只有 10 多平方米。楼下有座凉亭。44 年前，那是他起家的铁匠铺。2000 年后，浙江省杭州市萧山地区整体农转非，他的“身份”才从农民转为城市居民。但鲁冠球身上，罕有小农意识。用村里人的话说，这人从小“头上长角”。成绩好，却初中辍学，进城学锻工。精简回乡，其他人“停产闹革命”，不到 20 岁的他忙着修自行车、开粮食加工厂……

“财散则人聚”是他的一句口头禅。从 1983 年到 1993 年，他放弃的承包奖金超过 300 万元。这些钱，要么修改承包条例变成集体所得，要么捐出去建学校。他说：“一定要周围都好，你的企业才会好。大家都富裕了，你的富裕才会持久。”

在中国的乡镇企业中，万向实现首个个人风险承包，首个上市，首个获中国工业大奖，首个收购国外上市公司……其实，戴着“乡镇企业”的帽子，路并不好走，在“只讲计划”的年代，没有钱，冬天去信用社借，别人在内屋烤火，他在外屋坐两小时冷板凳也没借成；没有材料和燃料，他骑自行车过江去杭州，去国有企业捡废料和煤渣……有些门槛，能靠技巧化解，进不了全国订货会，他在场外摆地摊，照样刮起“鲁旋风”；没资格看文件，他用人托人、国营对国营的名义把 400 条考核标准“弄”到手，逐一整改，高分成为全国万向节定点工厂前三。有些时候，只能依靠等待，启动股份制改造，4 年后同意试点，申请上市，等了 7 年；成立财务公司，申报了 9 年……

万向集团公益活动

“我不怕苦，最怕的是不被承认。”鲁冠球说。但他认准了一点：“质量面前人人平等。”

1980年，他从全国回收了3万多套次品，员工一人一袋，背去废品收购站。企业一年利润泡汤，大家心痛流泪，但质量意识从此深植于每个员工的心中。

2000年，万向并购舍勒，如今在美国拥有28个工厂。在美国站稳脚跟的国内效应是，既然能给通用和福特供货，进入一汽二汽的配套体系顺理成章。2011年，美国前财长鲍尔森请鲁冠球吃饭。鲍尔森说，在美国无论竞争对手还是合作伙伴都夸奖和尊重万向，很少见。

上一辈农民企业家中，像鲁冠球一样的企业家不胜枚举，如蒙牛乳业集团创始人牛根生、碧桂园董事局主席杨国强、万事利集团创始人沈爱琴等。他们年轻时与庄稼打交道，有着吃苦耐劳、奋发向上的精神，他们谦虚谨慎，务实低调，但又与时俱进，紧跟时代潮流。因为他们敢想敢拼，抓住了改革开放的机遇，成为那个时代农民中的精英。

二、乡镇企业家二代——技术创新，科学管理，做时代的引领者

“农家女，背竹筐，拾桑叶，听蚕声。”祖上四代都是蚕农的沈爱琴从

小就熟悉这首儿歌，对洁白、高贵的丝绸有着无法割舍的感情。1974 年，杭州市笕桥公社决定筹建笕桥绸厂，她兴奋地立即走马上任：“茧子是我们生产的，城里人能织绸，为什么我们不能？”当时，她带着 22 位刚放下锄头的农民，在只有几间破旧的平房、17 张国营大厂淘汰的原始铁木织机和一堆债务的情况下，创办了万事利集团的前身——杭州笕桥绸厂。

之后，杭州笕桥绸厂改名“万事利集团”。在沈爱琴的带领下，经过几十年的发展，万事利集团已成为一家以制造业（丝绸、纺织服装、生物科技）为主业，以服务业（医疗、图书、电子物流）为支柱的国家大型一档企业，资产已达上百亿元。

2006 年，浙江大学高级工商管理硕士毕业的屠红燕接过母亲的大旗，成为万事利的第二代掌门人。其母沈爱琴在改革开放的大潮中与宗庆后、鲁冠球、冯根生等人一样大胆开拓，闯出了属于自己的一番天地，成为浙商的标志性人物。屠红燕接过了母亲沈爱琴创下的基业，规划着万事利在新时期的发展。

刚进家族企业时，屠红燕和其他民营家族企业的接班人一样，都是从最基层干起。她每天 7 点钟就到单位，给师傅们倒茶、抹桌子、拖地板，7 点 20 开始工作。她就这样在基层奋斗了很多年，从业务员一直做到万事利集团董事局主席。其实别人也知道她是老板的女儿，正是因为这样，屠红燕才要做得比别人更好。有一次她谈下来一个大单子，自己要跟单，凌晨 3 点就要出门去跟大货车押货，那时她从住处到上海的码头要五六个小时，连续几天都这样跑来跑去，也不觉得累。

一线工作经历让她体会到基层员工的辛苦，也熟悉了工作流程中的各个环节，出现问题能很快找到原因所在，并能提出具体可行的解决方案。

20 世纪 70 年代的杭州笕桥绸厂

屠红燕女士（右二）参加新生代企业家论坛

2013 年，当选为杭州市新生代企业家联谊会首任会长的屠红燕在工商联组织的演讲中作了题为《“新生代”企业面临的挑战与思考》的主题演讲。她表示，自己的使命就是万事利的传承和中国丝绸的创新发展，“新生代”不等于享乐，不等于安逸，不等于挥霍。“新生代”等于责任，等于创新，等于价值。

如今，全世界 90% 的丝和 80% 的绸在中国，但是品牌在法国，中国企业既赚不到钱，又很辛苦。为国外企业做了 15 年代加工的万事利，正在屠红燕的带领下打造自己的国际品牌。万事利正通过文化和技术的创新，走出国门，在国际上寻找合作的机会。

“万事利——中国的爱马仕。”这是屠红燕为自己的企业确定的目标。她认为，万事利要成为国际品牌，必须瞄准国际著名的丝绸品牌。

中国民营企业绝大多数是家族企业，据统计，未来 5 到 10 年内将有约 3/4 的民营家族企业面临交接班问题。稍有不慎，企业就会走下坡路，尤其是许多家族企业进入第二代、第三代，采用扩张型财务战略时，投资能力、成本核算、融资体系、财务控制等方面往往容易出现差错，会影响到企业的财务水平和决策水平，甚至导致企业顷刻间分崩离析，如爱多、巨人集团、沈阳飞龙、三株药业……

“欲戴王冠，必承其重。”中国民间有“富不过三代”的说法，2000多年以前的先贤更是提出“君子之泽，五世而斩”。其实不同的国家都有类似的说法，比如苏格兰谚语：“父亲买，子修建，孙儿卖，重孙街上当乞丐。”葡萄牙人说：“富裕农民—贵族儿子—穷孙子。”而德国人则用三个词“创造、继承、毁灭”来描述三代人的命运。一项调查显示，全球范围内家族企业的平均寿命只有24年，家族企业中30%能够传承到第二代，只有10%能够“活”过第三代，淘汰率高达90%。

但是，没吃过大苦的企业家二代身上也有着上一代人不具备的优势，他们受过良好的教育，在视野、知识体系和价值观上，都比父辈们更平衡全面，理念也更新，更愿意接受新的商业模式，比如如何利用资本市场迅速实现企业扩张。当然，他们很多人也更乐意享受人生，懂得平衡工作与生活。

当下中国经济进入新常态，对传统的商业模式产生了很大的挑战。大量的传统制造业企业本身处于转型升级过程中，第一代企业家应对高速变化的社会经济形势，开始有力不从心之感，而第二代企业领导人，对于新的理念和资本市场有较好的把握，懂得用科学的企业管理制度、优秀的人才、全球化的行动能力，带领家族企业走向全球新天地。

第三节　电商老板

农村电子商务，通过网络平台嫁接各种服务于农村的资源，拓展农村信息服务业务、服务领域，使之成为遍布县、镇、村的三农信息服务站。这是新时代中国农村新业态的重要特征之一。

实际上，农村电商的发展已有多年历史。1995年已开始兴起，第一家涉农电商郑州商品交易所集诚现货网探索粮食如何在网上进行交易。那时涉农电商发展缓慢。2012 年，涉农电商高速发展，涉农网店数量达到 163.26 万个，注册地在村镇的网店有 59.57 万个。2014 年，涉农电商飞跃式发展，涉农电商企业达 3.1 万家，农村网购市场总量达 1800 亿元。

2016 年，涉农电商实现重大突破。据商务部公布，中国农村网络零售额达 8945.4 亿元。2017 年上半年，农村实现网络零售额 5376.2 亿元，同比增长 38.1%，高出城市 4.9 个百分点，占全国网络零售总额的 17.3%。其中，实物型网络零售额 3286.4 亿元，服务型网络零售额 2089.8 亿元。

2017 年上半年，中国农村电商发展呈现出五方面特点：农村网络零售规模继续保持加速增长态势；农村网络零售结构不断优化，比如乡村在线旅游和餐饮电商增势迅猛，同比增速分别达 61.6% 和 58.3%；中西部及东北地区农村电商增长迅猛，在全国农村网络零售总额中的比重已达 36.4%；电商示范成效明显，496 个示范县实现了网络零售额 1699.4 亿元，同比增长 45.4%，高出农村电商整体增速 7.3 个百分点；电商扶贫效果显著。

农村电商经过 20 多年的发展，不仅便利了城市的产品销售和居民消费，也给农村居民带来了大量的发展机会。特别是青年农民，掌握了知识和物联网技能，回到家乡创业，既成了家，也干出了属于自己的事业。截至 2016 年年底，中国农村的网店达 832 万家，占全网 25.8%，带动就业人数超过 2000 万。农

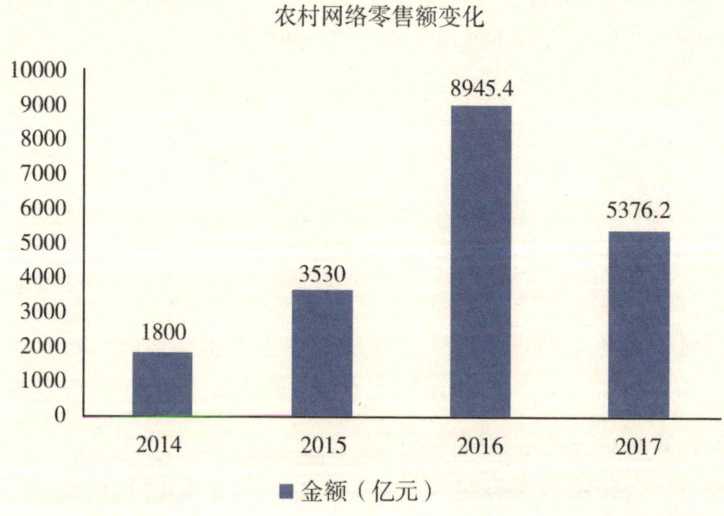

村网络零售单品数达到2.93亿个，占全网20.3%。

一、农二代网商创业者——互联网改变农村一线从业者

2015年，一个网名为“孔二愣子”的“80后”电商创业者从千名参赛选手中脱颖而出，凭借创业项目“密农人家——更有味道的农产品”一举夺冠，获得了40万元的创业扶持资金。“孔二愣子”本名叫孔博，京郊密云县河南寨镇两河村人。这位如今身家千万的“孔二愣子”为密云农村青年树立了榜样。

孔博，身材瘦高，长相斯文，思维敏捷，谈吐谦逊。孔博于北京理工大学毕业后，在市区干了3年产业投资分析师。那时，他有点儿“愤青”，说话办事确实愣头愣脑，被人起名“孔二愣子”。但他骨子里是个细心人，不知从什么时候起，他发现身边的白领常常买40多块钱1千克的有机菜，自己生在蔬菜大镇河南寨镇，老家就守着菜园子，每天都有蔬菜产出，论质量，一点儿都不比超市里的有机蔬菜差。“孔二愣子”不再瞎犯愣，他琢磨着，与其每天给别人分析投资，还不如把自己“点石成金”。于是，他果断辞职，回家开起网店，取名“密农人家”，专卖密云农产品。此时，他只有一个想法：都说网店挣钱快，自己也试一把，说不定是个机遇。

2012年的淘宝网上，卖菜的网店寥寥无几，做得较好的是北京市平谷区的一家。“孔二愣子”可不管谁做得好不好，只管用自己的“愣”劲儿往前冲。他每天天不亮就到菜地收菜，然后回家打包，用最快的速度寄给客户。不到一年的时间，“密农人家”的销量就后来居上了。

“一入农门深似海”，随着订单的不断递增，仅仅在老家选购几个品种，已不能满足客户的需求。孔博需要把眼光看向全区，虽说自己是个农民子弟，但这么大的密云，这么多个镇村，哪儿的西红柿品种好？哪儿的黄瓜该收获了？哪儿有香椿？还真是两眼一抹黑。他开始四处“淘宝”，辛苦可想而知。创业第二年，孔博将自己的小作坊从自家的楼房搬到了河南寨镇中庄村一间20平方米的小平房，离菜地近了，收菜、发货方便了很多，但他依然要四处找货源。

2014年春夏之交的一个上午，政府的农业服务中心主动找上门，从产品质量保障、产品资源调配、产销对接服务、生产加工条件建设、农产品储运

“密农人家”创始人孔博在西瓜地选西瓜

条件几个方面给予帮扶。

在农业服务中心的帮扶下，他告别了20平方米的小平房，搬进了2000平方米的大厂房，配上了保鲜库和送货车，添置了最新的办公设备和加工设备，升级了流水线，硬化了道路，拿到了进京物流车辆通行证，给员工们都买了五险一金。除了这些，更重要的变化是，孔博由过去的到处找货源发展成与农民实行订单生产，产品具有独特优势，并且供应稳定。孔博和团队的努力，加上农委、农业服务中心、农民合作社服务中心及科委、团委诸多单位的帮助，在短短一年时间里，孔博的小作坊变成了走在时代前列的规范化电商企业，实现了1080万元的销售规模，销售额还在以每年150%的增速飞快增长。

如今，“密农人家”已与50多家合作社签订了合同，实现了与菜农的订单合作，带动了3000户农民增收，在淘宝、京东、微信、下厨房等网络平台都有一席之地。“密农人家”目前共拥有会员45000余户，其中80%集中在北京市区，员工也从2012年的2人发展到36人，核心员工全部是密云返乡大学生。

“密农人家”是千万家返乡创业电商人的一员，他们为后来者做出了榜样，为农村电商的发展注入了活力，也是政府发展农村电商政策的受益者。2017 年中央一号文件指出，鼓励地方规范发展电商产业园，要求电商创业园聚集品牌推广、物流集散、人才培养、技术支持、质量安全等功能服务。为更好实现扶持农村电商创业人数、带动就业人数、电商人才培训人数有较大幅度增长，商务部和农业部都颁发了相关文件，如《关于加快发展农村电子商务的意见》《“互联网 + 流通”行动计划》《推进农业电子商务发展行动计划》等。政府针对在校大学生、毕业 5 年以内高校毕业生、登记失业半年以上人员、就业困难人员、城镇转业复退军人从事农村电子商务创业并带动就业的，创业补贴上浮 20%。农村就业困难人员在村级电商服务站上岗的，可按月最低工资标准的 130% 享受村级电商服务站综合补贴。

二、村淘合伙人——淘宝下乡的主力军

2014 年 10 月，阿里巴巴和桐庐正式签署“农村发展战略落地桐庐试点项目”，全国首个农村淘宝运营中心和首家村级服务站落户桐庐，简称“农村淘宝”。当时，桐庐选取了第一批 10 个村作为试点。这个“试点”和普通意义上的网店有相同处，又有不同处，简单说就是“五个一”：一个村庄中心点、一条专用网线、一台电脑、一个超大屏幕、一帮经过培训的技术人员。

那时候，农村淘宝启动资金均由淘宝公司投入，技术人员由淘宝公司指派，一个村庄只要委托某个人进行信息管理即可。信息管理人一般都是村里小店的店主，店主边卖自家商品，边帮有需要的村民网购。这种方式利用了村中心的人气，但也有缺陷。小店店主有自己的主业，照顾农村淘宝的精力就不够，经营潜力得不到充分体现。

于是，农村淘宝进行了新的探索，实行合作人制，先考察人选，然后由他们来决定网店的地点。合格的人选必须是年轻的本地人，大专以上文化程度，有相关经验，能扎根农村。年轻才有创意，有经验才能做大业务，文化程度又决定了他的接受程度，而只有本地人能听懂方言，能更好地为老人服务。除了上面几点，淘宝公司还特别强调经营者必须是 3~5 人合伙，形成团

农村电子商务服务站

队。这一方面能形成合力，另一方面也便于他们有更多精力去主动“出击”，而不是干等着顾客上门。

陈群和自己的弟弟、弟媳三人通过层层选拔终于成为第一批农村淘宝试点之一。店铺还是以前的，平台没变，但管理完全不一样了。平时村里谁家要建新房、装修、办喜事，他们主动上门服务，帮他们采购物资；谁家的草莓成熟了、鱼塘捕捞了，也提前帮他们把信息放到网上。

陈群他们虽然是店主，但收不到一分营业款，只能拿到由淘宝公司提供的占营业额 5%~8% 的佣金。现在大部分商品的佣金都是 5%，一段时间后会调到 8%，这样就能保证每个合伙人有 5000 元 / 月的收入。

农村淘宝是阿里巴巴旗下的一个战略性项目，为了让更多的农村淘宝人更好地服务农民，使农民生活更美好，阿里巴巴计划在 3~5 年内投资 100 亿元，建立 1000 个县级服务中心和 10 万个村级服务站，通过搭建县村服务网络，完善二级物流，发挥电商优势，促进“网贷下乡”与“农产品进城”。

以试点省浙江省为例，截至 2016 年 5 月，农村淘宝已在全省 19 个县、1080

个村建立村级服务站，覆盖率占20%，淘宝村数量达到506个，居全国各省首位，占全国总数的38.6%。

农村淘宝发展意义重大：可以为农村回笼人才，使有才干的青年留在家乡实现创新创业；可以增加就业机会，促进农民创新致富，统计数据显示，每增加一个网店，就会拉动2.8个就业岗位；可以完善交通物流，推动城乡联动，打通物流“最后一千米”，使得农村人也能像城里人一样从全国各地淘到物美价廉的物品，也能使得自家的农产品卖出好价钱。

总之，在过去几年间，随着“互联网+”战略的深入推进，从淘宝、京东进村“刷墙”，到各大电商下乡开店，中国农村电商遍地开花。返乡创业的年轻人越来越多，他们正成为中国农村电商蓬勃发展的主力军。农村电商的发展通过开发农产品市场，利用农产品的多样性与优质性，吸引城市消费群体，能有力地增加农民收入；同时能让农民接触网络，推动网络的普及，激发农村的发展潜能，有助于缩小城乡差距，推动城乡联动一体化发展。

第四节　乡村旅游开发者

从20世纪80年代中期到现在，中国的乡村旅游经历了初创期、发展期、扩张期和升级期四个时期。2016年是中国乡村旅游发展具有里程碑意义的一年，中国乡村旅游从过去的小旅游、中旅游进入了大旅游时代。乡村旅游不再是“农村旅游”和“农业旅游”，而是成为与城市相对应的一个空间概念，逐渐形成一个新的大产业，包括乡村旅游观光、乡村休闲度假等，有望发展成为万亿级企业。乡村旅游正在成为新的生活方式。

从乡村旅游发展成熟度来看，浙江省排名第一，陕西省排名第二，四川省排名第三，接下来是云南、江苏、河南、山东、福建、安徽。浙江得分高，源于它的发展成熟度。陕西乡村旅游之所以后来居上，是因为它的游客人次较多且口碑较好。

中国乡村旅游的发展大致经过了四个阶段：第一阶段是“农家乐”乡村

首批中国传统村落——温州市碗窑古村，始建于明洪武年间（1368—1398）

旅游；第二阶段是以民俗村、古镇为代表的乡村旅游；第三阶段是乡村度假；第四阶段将是乡村生活，以提高人的生命质量为终极追求的形态和阶段，这将是居住和旅游一体、生活和工作无间的生命状态。

10多年来，中央以及有关部委发布的与乡村旅游相关的政策、文件有20多个，成为乡村旅游快速发展的重要推手。而随着城镇化建设的推进，乡村旅游不仅成为城里人释放压力、休养生息、亲近自然的最佳形式，也成为人们寻根和消解乡愁的途径。而汽车的普及，则使自驾游游客占到游客总数的一半以上。此外，旅游投资额中，近1/3与乡村旅游相关。

据统计，2016年，全国休闲农业和乡村旅游接待游客近21亿人次，营业收入超过5700亿元，带动672万户农民受益。2017年，全国休闲农业和乡村旅游大会提出，中国休闲农业和乡村旅游的规模和速度进入前所未有、蓬勃发展的历史阶段。

一、农家乐老板——农家人做农家菜

一栋两层的小楼房，几十张桌椅依次排开，整洁的木梯旋转而上，墙上还挂着几幅别具特色的梁弄风景照。这个充满“家”味的小楼就是赵启龙的农家乐小餐馆。自 2005 年开办农家乐以来，赵家的馆子一直生意红火。

“红烧四明湖野生胖头鱼来了，还有香辣龙虾……”乡土味浓的农家小菜接连不断地摆上桌，色香味俱全。在浙江省宁波市余姚市牟山镇狮山村的一家农家乐里，赵启龙夫妇一身围裙，满脸笑容，穿梭在酒桌间，忙得不亦乐乎。这栋不大的两层小楼摒弃了酒楼的“正规化”服务，反而多了些人情味。

“来我们家吃饭，没有那么多的条条框框，都是自家的小菜，因为价格公道，服务好，所以回头客就多。”说起自家的馆子，赵启龙满脸堆笑，显得格外骄傲，“你看，那墙上的照片还是客人们送的呢，他们都是来旅游的，拍得好的就送我们了。”

原汁原味的农家乐餐厅

有的游客来的次数一多，就与赵启龙成了朋友，他们大多是从上海、杭州、宁波等地来的，每次来会提前打电话过来预定四明湖的湖鲜。赵启龙总是一口答应下来，跑到鱼贩那里提前收购，有时候因为量不够，还会跑好几趟。

跟赵启龙一样开办农家乐的村民不少，但赵启龙是其中第一个“吃螃蟹”的。作为梁弄办农家乐的“先驱”，政府给予了3000元的奖励，支持农民创业致富。现在路通了，旅游也兴旺起来了，来的旅客一年比一年多，农家乐生意也越来越红火。

12年过去了，赵启龙的小馆子生意越来越好，钱袋子也鼓起来了，每年近20万元的收入让赵启龙家的生活越来越富足。如今闲暇之余，赵启龙还在四明湖附近承包了2亩地，种起了樱桃。平常忙碌的生意已经占据了赵启龙的大部分时间，他只能趁着中午休息的时间去樱桃园里除草、浇水，养护樱桃树。每到樱桃成熟季，赵启龙家的樱桃园就吸引大量游客的光顾。

一般来说，农家乐的业主往往就地取材，满足客人的吃住需要，成本较低，因此价格就不高。而且农家乐周围一般都是美丽的自然或田园风光，空气清新，环境优美，可以舒缓精神压力，因此受到城市人群的喜爱。

中国农家乐发源于四川省成都市，以“农家乐”命名的乡村旅游始于1987年在休闲之都——成都郊区龙泉驿书房村举办的桃花节。这次桃花节把农事活动、乡村田园风光、乡土民俗文化、乡村民居和聚落文化与现代旅游度假、休闲娱乐相结合，形成了一种全新的旅游形式。

农家乐的发展，对促进农村旅游，调整产业结构，建设区域经济，加快农业市场化进程都有良好的效果。有些地方依托本地农业资源，分片开发出“农家乐”品种系列，像湖南南岳衡山、云南昆明团结乡等地的农家乐已逐渐形成了自己的品牌。另外，农家乐发展起来后，带来的不仅仅是消费收入，还有产品信息、项目信息和市场信息，为当地经济的发展提供了契机。

二、特色小镇开发商——农民企业家的特色小镇梦

金樟溪，1965年出生于浙江省义乌市的一个农民家庭，1989年创立浙江年年红实业有限公司。经过十几年的拼搏，公司已发展成为全国最大的红木

家具生产企业。

农民企业家金樟溪于2009年开始投资打造以红木家具文化为特色的小镇——龙天红木小镇。该特色小镇位于浙江省衢州市龙游县湖镇镇曹垄村，以杭金衢高速公路为界，自南向北，由江至岸，从低至高的文化轴线，通过观音送子、太母孕教、育恩堂、万姓宗祠、志成楼、紫檀宫殿、红木雅居、合一大殿、缘福山，陈述了白驹过隙般的短暂人生历程；由西到东，从森林湿地，经过秦汉、唐宋、明清建筑，到现代居民区、未来生态住宅园，展现了人类社会逐步走向文明发展的脉络。

2015年6月，龙天红木小镇被列入浙江省首批37个特色小镇创建名单。龙天红木小镇一直以新理念、新机制、新载体推进产业集聚、产业创新和产业升级。截至目前，该小镇已经完成的各类建筑面积达80万平方米，持续投入资金达30亿元。到2020年完全建成后，小镇将集家具制造、旅游休闲、文化创意、商业服务、生态居住五大产业于一体，实现山水相依，村镇相融，产业联动。

而今，龙天红木小镇以广阔的视野、美妙的境界和高深的立意，把金樟溪的信心装得满满的。多年积淀的基业，稳固了年年红实业有限公司无可撼动的行业地位，金樟溪把毕生心血投入于此，搭建了一个为红木行业励志成功、传承经典、创造未来的服务平台。目前，这个平台已经获得包括旅行社、红木家具企业、园林企业在内的众多行业、企业的关注。年年红实业有限公司的这些努力，成就的已不再是个人的功名利禄，更是一家龙头企业的社会责任。

特色小镇发源于浙江，2014年在杭州市云栖小镇首次被提及，后被住建部等三部委力推。这种在块状经济和县域经济基础上发展而来的创新经济模式，是供给侧改革的浙江实践。目前浙江的特色小镇，以产业特色可以分两类：一类是以海宁皮革时尚小镇、黄岩模具小镇等为代表的制造业小镇；另一类是以杭州玉皇山南基金小镇、梦想小镇等为代表的第三产业小镇。

2016年和2017年，住建部两次公布国家级特色小镇，共403个。虽然，特色小镇发展的时间不长，但已初具规模和效应，获得社会各界的认可和支持。在多方共举的情况下，产业新城和特色小镇逐渐迈向由量到质的转变，成

浙江特色小镇——梦想小镇

为新的经济增长极。国家发展改革委、财政部以及住建部决定在全国范围内开展特色小镇培育工作，计划到2020年，培育1000个左右各具特色、富有活力的休闲旅游、商贸物流、现代制造、教育科技、传统文化、美丽宜居等特色小镇，引领带动全国小城镇建设。

农民工篇

国家经济建设的一线主力军

导 读

1978年在农村实行家庭联产承包责任制，农民从土地上解放出来后，开始大量涌入城市，才渐渐出现“农民工”这一群体。农民工是指户籍仍在农村，进入城市务工和在当地或异地从事非农产业劳动6个月及以上的劳动者。经过近40年的发展，中国农民工主要经历了如下几个阶段：

（一）从20世纪70年代起，第一批农民洗脚上岸，从生产队的土地上走了出来，从社队企业、集体经济中转化出来，成为最早的广义农民工。

（二）1984年开始，中国确认了社会主义经济是公有制基础上有计划的商品经济，开放沿海港口城市，商品贸易带动工业生产，城市对产业工人的需求量大增，农村人口开始大量外流。这一年，“农民工”一词正式诞生。

（三）1992年，邓小平发表南方谈话，随后中国下定决心走一条社会主义市场经济道路，外资大举进入中国，产业布局遍地开花，城市建设快马加鞭。农民工流动因此风起云涌，蔚为壮观。

改革开放以后，农民工流动的规模在中国是史无前例的。流动迁徙的形式大致分为两类：一类是跨地区流动，中西部地区的农民大量短期甚至长期迁移至东部经济发达地区，这种人口流动也称为“民工潮”；另一类流动则是农民就近流动到快速发展的本地城镇。据国家统计局数据显示，2016年农民工总量达到28171万人，其中外出农民工16934万人，本地农民工11237万人。

从全国看，近3亿农民工群体主要有以下变化特征：

（一）从输出地来看，东部地区有10400万农民工，占农民工总量的36.9%；中部地区有9279万农民工，占农民工总量的32.9%；西部地区有7563万农民工，占农民工总量的26.9%；东北地区有929万农民工，占农民

农民工总量及增速

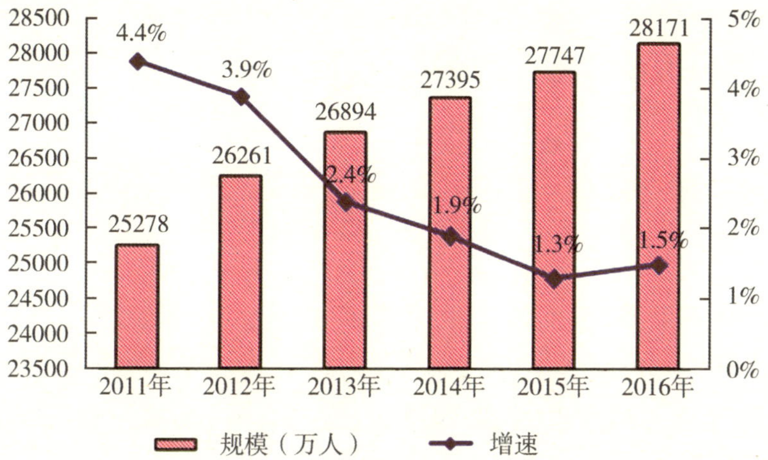

工总量的 3.3%；西部地区农民工增量占新增农民工的 43.6%。

（二）外出农民工增速继续回落，跨省流动农民工继续减少。2011 年至 2016 年，外出农民工增速呈逐年回落趋势，增速分别为 3.4%、3%、1.7%、1.3%、0.4% 和 0.3%。外出农民工占农民工总量的比重也由 2011 年的 62.8% 逐渐下降到 2016 年的 60.1%。

（三）从全国来看，最开始的农民工主要以从事建筑业为主，接着就是制造业。如今，从事建筑业和制造业的农民工比重下降明显，越来越多的农民工进入服务行业。

另外，新生代农民工占比近 5 成，整体受教育程度不断提高。与老一代农民工只想争取进城务工的合法权利相比，新生代农民工有了新的更高的要求：不仅要进城，还要在城市落脚生活；不仅为经济，还要争取政治参与度和社会认可度；不仅为就业，还要拥有体面的身份和较高的收入。回顾几十年发展历程，近 3 亿农民工创造了中国经济 30 年高速增长的世界奇迹。这批从土地上走出来的产业工人，拿着极低的工资收入，基本没有福利保障，经常加班。他们默默承受，成为全世界最廉价的劳动力，吸引全球资本到中国逐利。在珠三角、长三角、环渤海，世界工厂机器轰鸣，他们在流水线上数年如一日地重复着单调的动作，给商品打上“Made In China”的标签。

华中师范大学中国农村问题研究中心主任徐勇教授认为：“改革开放以来的建设成就，可以归功于两股主要力量，其一是邓小平，其二就是农民工。总设计师作出了划时代的决策，但绵绵不绝为之挥汗如雨的，则是数以亿计的农民工。两相比较，还是人民群众创造了历史。”

第一节 建筑工

建筑业是中国国民经济的重要支柱产业之一，建筑业涵盖与建筑生产相关的所有服务内容，包括规划、勘察、设计、施工、安装、管理以及相关的咨询和中介服务等，其关联度高、产业链长、就业面广的特性决定其在国民经济和社会发展中发挥着重要作用。

经过30多年的改革发展，中国建筑业的建造能力不断增强，产业规模不断扩大，到2016年，全国建筑业总产值达19.35万亿元，建筑业增加值达4.95万亿元，占国内生产总值的6.66%。建筑业的发展与中国经济发展密切相关，在经济高涨期，建筑业井喷式发展，如今中国经济进入新常态，建筑业的增速也将放缓，从过去注重数量增长，开始求质量。

发展中的建筑业，在吸纳大量农村转移劳动力方面功不可没，占农村进城务工人员总数的1/5以上，并带动了50多个关联产业的发展。约5000万农民工为中国的经济建设和城镇化的发展做出了巨大的贡献。

这一群体称为“建筑工”。建筑工主要指从事建筑工作的工人。20世纪80年代的建筑工人指在建筑公司工作的正式工人和临时工人。伴随企业改革的步伐，部分建筑工人转业分流，部分人员成为建筑包工头。现在的建筑工人基本上是来自农村的农民，极少数为大学生。他们主要呈现出以下特征：

（一）从全国范围来看，四川、河南、重庆、湖北、陕西、河北是建筑工人的主要输出大省，其中四川省为中国建筑工人输出第一大省。

（二）超过9成的建筑工人仍是农业户籍，建筑工地上以男性工人为主，女工占的比例不超过10%。从年龄构成上看，20世纪60年代至80年代出生的建筑工人是当今建筑工人的主要组成部分，而需要注意的是“80后”“90后”的新生代农民工在建筑行业中所占的比重已经达到总量的1/3。

（三）建筑工人总体受教育程度不高，小学文化程度的占比为27.1%，初中文化程度的占比为49.1%，高中及以上文化程度的占比为18.7%，其中“80后”“90后”农民工的文化水平总体上高于上一代农民工。

（四）建筑工人的做工方式仍以做天工为主（即计时工资），超过一半的工人是以此种方式来计算劳动量的。其余两种方式为做包工（即计件工资）和点包结合的方式（即计时与计件工资相结合的方式）。

（五）从建筑工人的收支状况来看，近9成的建筑工人是以在工地打工为家庭的主要收入来源。他们一年的家庭总开支平均为3.7万元。

一、包工头——工地上的管家

张小泉是安徽省滁州市人，2005年在朋友的帮助下接到了第一个项目，为一家建筑公司的工程安装门窗。他专程回到老家，招了七八个懂木工活的老乡一起干活。就这样，张小泉的小“包工头”生涯开始了，到现在已经有10多年时间。早期，张小泉带领的施工队接的工程还只是“清包”，包工不包料，所做的只是一些项目的部分建设工作，相对利润较低。跟随他的建筑工人也时少时多，大部分是自己的老乡。没活的时候，说一声，人就全散了，基本上是一个工程一拨人。张小泉认为找老乡干活的好处很多：比较容易交流，一起说家乡话，中间的隔阂自然就少了很多；说来就来，说走就走，比较容易指挥，而且有什么紧急情况，老乡还可以帮忙应付一下；工资可以拖久点，毕竟都是老乡。因为经常带人出来干工程，张小泉在家乡算是个“名人”。他给乡亲们介绍了工作，可以说是乡亲们的领路人。有些他带出来的人，后来也慢慢变成了包工头。

包工头是指工程承包商，能把一项工程的成本控制在工程建设方发包价以内就可以挣钱，一般属于建筑、装修行业。包工头会把工作包揽过来，招人作业，自己当头儿，是特殊历史条件下的特殊“产物”。当城市发展需要大量外来务工人员，而农村剩余劳动力迫切需要进城找工作之时，包工头作为一种满足供求双方需求的职业便应运而生。

张小泉应建筑公司要求正在给工地上的工人讲安全知识

建筑工地上的包工头多来自农村，有一定经济头脑，敢于承担风险，即使留在村里发展也会成为精英。包工头要承包到工程，就要与开发商打交道，有时还要通过招标的方式承揽生意，他们就要懂得市场运行规则，学会一套“官方的话语体系”和“市场经济的准则”。

另外，他们人际关系广，信息渠道畅通，不论是找活还是找工人，都比较便捷。他们与农民工有着千丝万缕的联系。包工头做工程要有一个自己的农民工团队，这个团队的成员经常是自己的同乡，或是同乡介绍来的。这些人为他工作，因此，他日常的工作、生活都与这些人分不开。

最后，包工头要具备一定的经济条件，工地项目部有时给分包队伍的资金拨付不是很及时，就需要包工头垫付工人工资或生活费用。他们还要有管理团队的能力，有熟练的社会交际能力，以保证能应付各种性格的人员。因此，他们往往比建筑工地上的其他农民工承压能力更强。

二、工地夫妻——建筑行业的“夫妻军”

俗话说，男女搭配，干活不累。在建筑工地，对砌墙工来说，他们不但多数是男女搭配，而且大部分是夫妻。

周光才是四川泸州人，夫妻俩从事建筑行业已经20多年了，丈夫负责砌墙，妻子负责打灰递砖。每天早上6点半，周光才都会与妻子准时开工。

随着工地上的建筑工程封顶，砌墙工们也陆续进场施工。现在的工地管理严格，经常检查。包工头会提前告知周光才：“这边就是要求高，墙面啊，什么地方都要搞得清爽一点，地上的垃圾也要搞得非常好。缝要勾好一点，勾了还要把它扫一下。”

如果有人问周光才，夫妻俩一起在工地上包活有什么好处，他会很随意地说出：“好叫一点嘛，别人给你打杂或者干什么的，叫也不方便。那两夫妻干事情，自己干嘛，自己愿意多干一点就多干一点，愿意少干一点就少干一点嘛。她就负责打灰啊，搞一点砖块嘛。”

周光才夫妇的工资是按照包活计算的，多做多得。平均下来，两人一天的薪水约550元，30天不休，一个月薪水就是16500元。不过，他们并不是每天都能接到工，一个工结束后，接下来可能面临的是1个月的空闲期。再除去农忙时间，他们平均下来一年多时能挣十几万元，少时能挣八九万元。

砌墙工在一个工地一般待两三个月，工程结束后，又像大多建筑工人一样，换到另一个工地。一年换几个地方，对他们来说是最正常不过的。他们的工作地点根据施工队接的活儿而变，如果在上海，那就去上海，如果在江苏，那就去江苏。因此，砌墙工周光才去过很多地方，多的时候，一年要跑几个省，家里就照顾不到

建筑工地上的夫妻俩

了，每年只在春节回去一段时间。

砌墙工不怕苦，不怕累，怕的是刮风下雨没活干，没活干就意味着没有收入。所以这个群体就是希望一年365天手里的活不要停下来，就像风车一样转个不停，这样才能多挣钱。

背井离乡，远离亲人，难免有思念之苦。对于砌墙工夫妇来说，他们最大的欣慰是无论走到哪里，都会相互陪伴，相互照顾，同甘共苦，一起为生活打拼，一起携手垒起一块块砖，走过风雨岁月。在挺拔的工地上，他们垒起的是夫妻间牢固的感情，更是对家庭美好未来的憧憬。

三、钢筋工——灵活耐劳，一丝不苟

老刘是安徽人，今年50岁，身上带着建筑工人常有的干练。他已做了多年钢筋工，轧钢筋、拉直、压弯、绑钢筋、做钢架等，他都做过。

老刘一般从早上7点开始干活，下午5点半以后才会收工。他干活时经常是汗流浃背，累了，就喝口水，抽空点上支烟，就算解乏了。在工地上是没假期的，下雨天就是放假。老刘和其他工人一样都盼着每天有活干，干一天就有一天的工钱，毕竟大家是出来挣钱的。

老刘是20世纪90年代初从老家出来打工的，做建筑工已有20多年。他去过安庆，到过合肥，最远跑过哈尔滨。最近10年，他都在浙江各地的工地上打工。老刘喜欢跟着浙江老板干，因为他们讲信用。讲信用的地方活好干、钱好拿。

雾霾天，老刘继续一天的钢筋作业

老刘干活很认真，一干就是好几个小时。虽然是点工，没有工作量的要求，但是实诚的他会努力在下班前

多做点。这在他看来，是做人的良心。

休息的时候，有朋友来，老刘一般会停下手中的活，拿出手机，翻出一张照片。照片上是一座四周有围墙的独门小院，两层的小楼，一楼有 4 间房、二楼有 3 间房。老刘会一脸的骄傲，笑着说："瞧！我给儿子盖的楼，这是打工 20 多年挣的。"他的儿子今年 24 岁，在温州做阀门工。老刘认为，只要还干得动，就多挣点钱，给儿子娶个媳妇、成个家。这是老刘目前最大的愿望了。

钢筋工是指使用工具及机械，对钢筋进行除锈、调直、连接、切断、成型、安装钢筋骨架的人员，他们一般手指、手臂灵活有力，具有较好的身体素质。钢筋工已成为建筑业中的主要工种之一。钢筋工多为露天、高处作业，施工环境和作业条件差，不安全因素较多，现场作业人员组成又比较复杂，流动性大，存在安全意识淡薄、自我防护能力差等问题。但是仍然有很多人愿意做钢筋工，因为钢筋工的工资比较高，做工天的报酬是 200~250 元 / 天，包工时为 400~500 元 / 天。

第二节　工厂蓝领

在经历多年的高速增长之后，2012 年以来国内生产总值增速已经连续 4 年在 8% 以下，中国进入中速增长新常态。新常态下，中国宏观经济结构转型和产业升级的进程将不断深化，并将向价值链上游转移。

随着产业结构的调整，制造业的升级，中国的蓝领劳动力市场正在经历前所未有的变化。中国劳动力供给出现结构性短缺，将迎来刘易斯拐点。这意味着中国进入后人口红利时代的"金蓝领"市场，经济增长将更加依赖劳动力素质的提升。

改革开放后，近 40 年的制造业发展，蓝领劳动力的发展主要经历了以下两个阶段：

第一阶段是从农业向第二产业转移。农民工进城打工始于 20 世纪 80 年代，形成延续30多年的迁徙潮。2002年之后，农业人口更是呈“断崖式”下降。2002—2012年10年间农业劳动力下降30%，第二产业劳动力上升48%。

第二阶段是从第二产业向服务业转移。自2011年起，第三产业已经超越农业，成为承载劳动力最多的产业。2012年以来，受中国劳动力成本上升的影响，高端制造业开始向发达国家回流，中低端制造业则向东南亚、南亚和非洲转移。

在国内，制造业蓝领工人开始从珠三角、长三角北上西进。他们的流动，与产业发展变迁息息相关，随着制造业的转移而迁徙。制造业在20世纪主要集中于珠三角和长三角地区，作为劳动密集型产业，21世纪以来，制造业工厂开始北上西进，在人工成本更低的区域建厂。作为中国吸纳就业最多的工厂，富士康的迁徙路线具有很强的代表性。富士康于1988年进入深圳，1993年进入昆山，自2003年起先后在太原、烟台、重庆、成都、郑州、贵阳等城市建厂，这些城市也成为吸纳劳动力的重镇。

从群体看，蓝领工人是制造业的主力军，农民工是蓝领工人的主力军。如今，农民工主要包含20世纪八九十年代的第一代和2000年后的“80后”“90后”新生代农民工。老一辈吃苦耐劳，愿意加班，踏实认真；新一代受教育程度高，表现欲强，接收新信息快。前者的归宿是返乡，后者期待的归宿是留在城里过上体面的生活。

一、第一代农民工——年轻在外拼搏养家，年老落叶归根守家

聂九员，今年50岁，是湖北省通城县隽水镇人。她的丈夫吴伟华是个老实的种田人，刚结婚那些年，两人勤劳苦干，靠着4亩薄田过着清贫的日子。随着两个女儿和一个儿子相继出生，生活越来越艰难。

改革开放的浪潮涌来，村里有几个胆大的年轻人相约南下打工，每次他们回来，就绘声绘色地讲述外面世界的精彩，让聂九员十分心动。

1993年，聂九员与村里几个女孩一起，往深圳一家服装厂打工。吴伟华则带着3个孩子在家务农，那一年，儿子仅两岁。一个月2000多元的工资，聂九员能省下一大半，每3个月往家里寄一次钱，一年1万多元的收入，让家

里的生活有了很大的起色。

3个孩子渐渐长大，生活、教育等花销日渐增多，聂九员寄回来的钱开始入不敷出。吴伟华决定与聂九员一起外出打工，孩子们都交给自家哥哥帮忙照顾，4亩田送给村里人耕种。同在一个城市、一个工厂，夫妻俩各自住在工人宿舍。因为租房子很贵，连在餐馆吃顿饭对他们来说都是一件奢侈的事。

每年春节，村里打工返乡的村民喜欢聚在一起，交流哪家工厂薪水高、福利好，然后结伴跳槽。20多年来，聂九员先后在深圳、东莞、惠州、贵阳等地务工。由于没有一技之长，只有初中文化的聂九员，只能在服装厂、玩具厂、电器制造厂做些最基层的工作。没有医疗保险，没有养老保险，每个工厂她都不会待太久，可能这个月拿了工资，下个月就走人了。

在大城市见了世面，聂九员的外形也越来越“洋气”，然而，她始终无法真正融入城市。夫妻俩多年打工攒下的积蓄，翻新了老房子，嫁了女儿，娶了儿媳妇。2015年，儿子儿媳在义乌市小商品批发市场打工，聂九员与吴伟华跟随他们一起去了义乌，也找到了工作。聂九员给一家网店打包货品，包吃包住，一个月工资4000多元。一家人在同一个地方打工，聂九员少了些许

聂九员曾经在广东惠州服装厂打工

落寞。“趁身体还行，再打几年工，就回乡盖个小洋房，带孙子，养老。”聂九员心里清楚，落叶终究要归根。

20世纪90年代，像聂九员一样的成百上千万农民，或始于维持生计的初衷，或怀揣着发家致富的愿景，背井离乡，走进城市，进入工厂，把青春岁月和汗水留在那里。如今，这么多年过去了，他们已经渐渐老去（年龄在55岁到70岁），他们绝大部分在城市没有医保、养老金，更没有房子，回到养育过他们的农村是最终的归宿。20世纪90年代，他们是改革开放打工潮的主流，现在他们又将是返乡潮的主流，有的将成为建设村庄的主力军。

二、新生代农民工——在城市开创出一片新天地

上汽集团技术中心试制车间里，设备的轰鸣声在空旷的上空回响着，工件、夹具排列整齐，工程师、技师穿梭忙碌。巨大的红色折弯机旁，19岁的罗良抿紧嘴巴，逐项点检，为加工材料做准备。

2015年，他还是一位腼腆的中专毕业生，在有着“职业技能奥林匹克”之称的世界技能大赛中，他代表中国拿到了车身修理项目一枚响当当的银牌。他也因此被上汽集团录用，成了这里最年轻的技师。

说起学汽修，他还真有点歪打正着。出生于1996年的罗良，老家在四川省巴中市，2003年跟着打工的父母到了上海。中考时，他选择报考上海市杨浦职业技术学校的汽修专业，这是罗良自己拿的主意。他一方面考虑到自己动手能力不错，另一方面觉得汽车行业的发展会越来越好，便决定学一门修理汽车的技术，毕业以后好就业。

没想到，这一学就钻进去了。每个国家每个项目只能有一位参赛代表参加世界技能大赛，小罗在全国选拔赛中一路过关斩将，成了“中国代表”，并最终在世界技能大赛中获得银牌，表明其技术水准已在相关领域达到世界顶级水准。

毕业后，他顺利地进入了许多同龄人梦寐以求的上汽集团技术中心工作。而今，他最大的愿望，就是能留在上海发展。

他很幸运，部门师傅是试验认证部试制工程科系统经理，平时工作很忙，可是总会抽空到他这边转转，让他有问题随时问，还为他借了不少汽车

2015年，第43届世界技能大赛在巴西圣保罗闭幕

结构基础方面的专业书，常常教导罗良，要“多做，多学，多用工具”。低头看看身上的蓝色工作服，罗良心里热乎乎的。他更加坚信，一定能通过自己的智慧和双手，在上海打拼立足。

如今，“80后”“90后”逐渐成为中国制造业的主要力量。《2016年农民工监测调查报告》指出，1980年及以后出生的新生代农民工已逐渐成为农民工的主体，占全国农民工总量的49.7%。从平均年龄看，2016年农民工平均年龄为39岁，比上年提高0.4岁。从年龄结构看，40岁以下农民工所占比重为53.9%，比上年下降1.3个百分点。

新生代农民工与他们的父辈不一样，进城打工，不仅仅是为了养家糊口，而是要实现自己的价值，希望通过所接受的教育和后天的努力，在城里闯出一片自己的天地，成为城市的一员。

第三节 工厂白领

20世纪90年代初，中国改革开放进入新的高潮，大量企业如雨后春笋般兴起。它们主要汇聚在沿海地区，极大地带动了沿海地区的经济发展，其发展速度令人羡慕不已。沿海和内陆的巨大差别，使得去沿海打工经商成为很多中西部地区人民的向往。

于是，“打工潮”在20世纪90年代初兴起。特别是在广大农村地区，成千上万的农民组着团，“离土又离乡”，背着大包小包，坐了汽车，又转绿皮火车，带着家人的牵挂和对未来的期盼，去寻找自己的梦想。他们大多往较发达的长三角、珠三角以及环渤海经济圈都市流动。经过几十年的发展，第一代农民工中的一些人凭借过硬的技术本领，获得所在企业的认可，成为无可争议的团队领导者。

如今，“80后”“90后”农民工，多数受过中学或职业技术学校的教育，掌握了新知识和技能。他们学习能力强，更容易适应新事物新环境。因此，他们通过自身的努力在企业获得晋升，进入管理层的机会要比上一代农民工更多些。

一、工厂主管——成功从来属于善于拼搏的人

静占国，是天津市松正电动汽车技术股份有限公司自动化部部长，电动汽车技术攻关核心专家组成员。他所在的班组生产的内销和出口产品的合格率一直保持100%，他所设计的产品结构一直保持业内领先，并采用了全新的设计结构和独特的工艺路线，实现技术创新项目27项，为企业创造效益超过1900余万元。他先后荣获“天津市劳动模范”、“天津市科学进步奖”一等奖、“全国劳动模范”等荣誉。

如今，他已成为公司不可或缺的技术骨干，带领团队攻下了一个又一个技术难题。但谁又能想到，十几年前的他仅是一名只有初中学历的普通农民工。

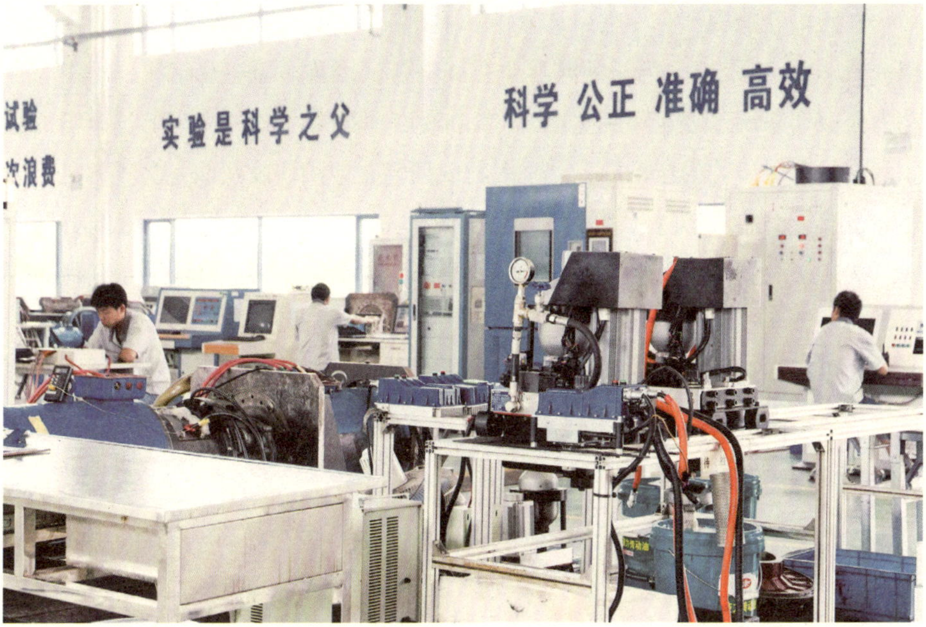

天津市松正电动汽车技术股份有限公司工作车间

1997 年 10 月，静占国从唐山市大丁中学毕业后没有继续读书，而是来到天津做家装工作。他不想当一辈子农民工，为了改变自己的命运，他利用业余时间自学电脑，经过两年的努力，他已经可以从事家庭装修的设计工作了。2003 年，静占国通过应聘来到天津松正电动汽车技术股份有限公司。由于学历不高，一开始他只能从事电路补焊、工装制作等基础工作。在工作中，他要求自己每一步都精益求精，并开动脑筋，不断创新，他设计的绝缘垫片工装、全自动型材切割机、全自动双组份注胶机，使生产效率提高了 400%。半年后，通过技能学习和竞争考核，静占国凭借过硬的功底和娴熟的技术从生产线上脱颖而出，开始参与负责公司的研发设计工作。

在公司，本科及以上学历占研发总人数的 90% 以上。初到研发部门时，作为一名非专业人员，周围的每个人都是静占国的老师，这样的环境既给他带来了压力，也给他带来了动力。由于有很多设计都是要通过电脑完成的，他便在工作之余努力学习电脑知识。就这样，他逐步掌握了 AutoCAD、Pro/E 等机械设计软件，成为了公司的技术骨干。

在国内新能源汽车专利申请量排名中，松正占据8%的份额，位列全国前三。从2010年松正的第一辆混合动力试验车试运营，短短几年间，松正混合动力公交车系统已经运用到全国80多个城市、8000多辆公交车上，市场占有率和产品覆盖率均为全国第一。骄人的成绩与企业的研发团队是分不开的。当年研发第三代混合动力系统时，静占国和他的团队基本上每天只睡四五个小时。为了方便工作，他们都住在公司里，这样坚持了一年的时间，直到其混合动力公交车项目顺利运行。

如今，以静占国的名字命名的“静占国劳模工作室”早已成立，这对于他来说，既是荣誉，又是新的挑战。已经成为企业自动化部主管的他，带领团队成员以创新作为工作的主旋律，攻克技术难关。

二、公司高管——从农民到跨国公司高管的奋斗史

田国华曾经是一个地地道道的农民，家住四川省雅安市雨城区对岩镇坎坡村。现今，他身穿以白色调为主的衬衫和深色下装，庄重中仍然不失农民的淳朴。曾经他还是肩搭铺盖卷南下淘金的农民工，如今已成为香港某跨国公司埃及项目处主要管理人员之一。

1994年年初，田国华离开家乡南下深圳，当时他的心态就是出去做点小工，长长见识，看看沿海一带的人是怎么做的。可他卷起铺盖到了深圳，才发现举目无亲，找工作就像大海捞针。俗话说得好，嘴是江湖，脚是路，后来香港某跨国公司深圳公司答应试用他。而田国华在试用期间做的一件很小的事情，却为他成为公司“白领”，走进公司管理层“搭起了梯子”。

那是刚到作业点“试用”的一天下午，田国华收工回到住处后正煮饭，突然下起大雨。当时，他又累又饿，但想到露天放了许多机具，转身就跑到工地上，将机具或收进工棚，或搭上油布。事后，公司对田国华做的这件小事“小题大做”，认为“员工的良好行为”就是“公司的良好形象”，从“一件小事的正确处理”就“看到了公司的未来与希望”，接着以破例提拔田国华为主管并操作重型机械为奖励，引导员工养成良好的行为习惯。还在试用期的田国华因“自觉爱护公司财产”，成为作业点的骨干。

田国华认为，农民工不仅勤劳、淳朴、善良、重信誉，而且大多从小就

田国华负责管理工地上的所有重型机械

生活自理，养成了精打细算过日子、尊重他人劳动等优良品质。所以，农民工不论走到哪里，都应自信地施展自己的能力。田国华在试用期间做的一件本应做的小事，却得到公司的重用，由此也使他感受到，农民工所具有的优势，正是现在许多公司渴求的，也使他改变了务工就是挣点钱、增长点见识的观念，并转而下定决心“踏实、负责地干好每一件事，并向公司白领阶层多学一些管理和经营之道，将来不论回家做啥都用得上”。2015 年，公司总部要派 1 名高级管理人员到埃及开罗负责一个国际工程项目，他成为公司选中的“最值得信赖，又具发现和解决问题能力”的人。

农民工通过自己的奋斗成为公司高级管理人员已经屡见不鲜，他们是身边无数农民外出打工谋生存的佼佼者，是众人学习的榜样和楷模。不可否认，一个农民放下锄头，走向城市和工厂，少文化缺技能，使得他们最开始只能从事低端的体力劳动，但是总有一批人在保持农民质朴善良、吃苦耐劳的品质时，也在不断给自己创造学习的机会，增强自身的各种能力。农民工只要发挥出自己的优势和良好的品质，就一定会有所作为，也一定会实现自己的梦想。

第四节　服务业工人

2012 年，中国服务业在国民经济中所占的比重超过了第二产业，成为第一大产业，之后，它在国民经济中的占比持续提升，对经济增长的带动作用明显增强。

服务业在加快发展中也面临一些结构性矛盾，主要表现为：服务业在总量和就业总人数的比重仍然偏低；服务业企业层次不高，盈利能力偏弱；现有公共服务体系难以完全满足居民的多样化、个性化需求；服务贸易逆差规模不断扩大，竞争力有待提高；在非金融类生产性服务业以及满足发展享受型的生活性服务业方面，还有很大的追赶空间。

目前，中国服务业发展已驶入“快车道”，由消费升级、技术进步、新型城镇化和产业结构调整等带来的巨大服务需求与服务创造，决定了未来服务业大有文章可做，大有商机可觅。

1980 年至 2016 年，中国服务业增加值年均增速超过 17%，增加值占国内生产总值的比重从 22.3% 上升到 51.6%，36 年共提升了 29.3 个百分点。2017 年以来，在供给侧结构性改革和创新驱动发展战略的推动下，服务业经济开局良好，继续保持平稳较快增长态势。

伴随着服务业的快速发展，服务业已成为中国吸纳就业最多的产业，为增加就业做出了重要贡献。1980 年至 2015 年，中国服务业就业占社会就业的比重从 13.1% 上升到 42.4%，提升了 29.3 个百分点。2017 年一季度全国规模以上企业中，服务业企业从业人数同比增长 5.3%，增速高出第二产业 4.9 个百分点，新增就业人数占全部规模以上企业新增就业人数的 82.1%，比第二产业高出 64.2 个百分点。

城市化的发展和产业的转型升级，一方面扩大了对传统服务业人数的需求，比如家政工、餐饮酒店服务员、清洁工等，另一方面也推动了新兴服务业的发展，创造了新的人力岗位需求，比如快递物流人员、互联网金融服务人员等。值得一提的是，传统的餐饮、家政等服务业的发展为女性提供了发展机会。在传统的钢铁、煤矿、建筑等行业开始淘汰落后产能，整体下滑的情况下，大龄男性的就业机会大大减少。这就部分解释了这几年女性进城打工人数增加率高于男性进城打工人数增加率。

一、家政月嫂——有我在，请放心

舍弃孩子，不顾家庭，千里迢迢来到北上广深等大城市打工，从一名普通的保姆到一名出色的月嫂，经历了太多的艰辛和辛勤付出，24 小时照顾产妇和婴儿，晚上每隔两小时就要醒一次照顾新生儿，这就是许多月嫂的真实写照。

2017 年，上海由姆爱月嫂承办的寻找申城“最美月嫂”大型公益活动颁奖典礼上，有一位月嫂说自己已做了十几年月嫂，现在浑身是病。做月嫂的辛苦，外人往往不了解。很多新入行的月嫂都是放下自己才一两岁的孩子，去照顾别人的孩子，一次最少干满一个月，每天抱着别人的孩子生怕出错，还要天天惦记着自己的孩子。

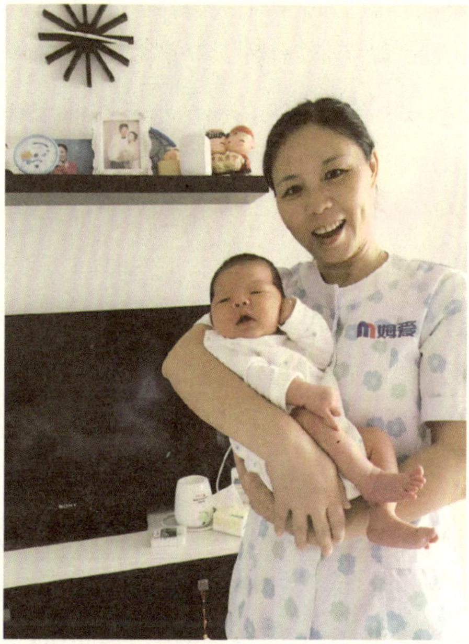

月嫂小梅在照看两个月大的宝宝

获得申城“最美月嫂”的小梅，今年 32 岁，来自江西偏远山区。6 年前，她撇下两岁的儿子只身来到上海，在老乡的介绍下干起了当时还不怎么时兴的月嫂。尽管小梅非常适应和喜欢这项收入还不菲的工作，但是也体会到月嫂比普通保姆还辛苦，连续干24小时是经常有的。

每天早上7点，小梅已经在一栋小别墅里忙碌一个小时了。那里住着一个两个月大的宝宝与一位32岁的妈妈，母子俩还在熟睡。她在这户人家已经工作了23天，每天都有干不完的活，没有一点空闲的时间。这样的工作状态对她来说，是常有的事。

月嫂不仅工作时间长，而且工作琐碎，需要耐心和细心，包括给婴儿喂奶、拍嗝、洗澡、护理脐带等，为产妇按摩、做月子餐、洗衣服、处理恶露等，甚至还要时刻观察孩子的健康状况是否良好。

通常情况下，月嫂的工作集保姆、护士、厨师、月子护理师、育婴师（母婴保健师）、早教师的工作性质于一身，在京津等地，普通月嫂的薪酬在6000元以上，而在深圳、上海、香港等地，金牌月嫂的月收入超万元非常正常。在国内，广州月嫂护理服务行业发展得最为成熟，相继出现很多行业内知名月嫂。

二、快递小哥——让“不出户买天下”成为现实

众所周知，网购是时下很受欢迎的消费模式，足不出户就能购遍天下好货的体验，常常让人们有种生而为上帝的感觉。这一美妙的感觉除了离不开可供消费的平台外，更是离不开那些穿梭在大街小巷奔忙送货的快递员们。

29岁的张龙，是京东快递四川省眉山市东坡站的分组组长，同时也是一名配送员。他从事这一行已有5年时间，是站点的老员工。拥有敦厚性格和朴实笑容的他，一直备受同事和客户的信赖。

不同于一般公司的工作时间，京东快递配送员的上班时间是上午7点。配送员是分区域派送，货物卸载完成后，张龙便开始从中挑选自己所负责区域的包裹，并按每条线路有序地摆放好，再逐一用扫描枪扫码，最后按照路线的远近将自己要送的包裹整齐地码放在三轮车上。

张龙把包裹装好后，其他同事也差不多完成了这些工作，这时时间已近8点。一般8点是站点早会的时间，这是每天必须要做的。早会上，站长会对客户的一些投诉和公司的一些文件作个讲解，然后配送员们会一起喊出配送的服务口号：“您好，京东！我承诺，我要微笑服务，送货上门，不虚假签收，不私自退货，遵守交通规则，提供优质服务。”声音热情铿锵，态度严肃坚定。早

京东快递小哥正在送快递

会结束时大约是 8 点半，配送员们便开始了上午的包裹派送工作。

派送的过程是烦琐的，张龙最怕送那种派送过去收件人却说不要了的包裹。因为他的工资与妥投率挂钩，客户买了又不要的单子会直接影响他的绩效，所以他希望这样的单子能尽量少点。

忙碌中的时间总是过得很快，时间一分一秒地流逝，张龙将每一个包裹都稳妥投递。接近中午 12 点，张龙终于送完了一车的包裹。经过一上午的奔忙，他早就饿了。回到站点，他就可以吃饭了，因为他早已在网上预订了一份鱼香茄子炒肉盖浇饭的外卖。

下午 14 点半左右，他开始重复着卸货、拣货、装货的工作，完成时已是 15 点，然后又开始派送行程，直至 19 点左右结束。

这就是京东快递员张龙一天的工作。上半年送货下班时间还早一些，要是到下半年，又逢京东活动，站点爆仓，他往往忙到半夜，回到家已经累成一摊泥。

张龙是几万京东快递员的缩影，而京东快递员则是千千万万快递员的缩影，每天大街小巷穿梭的三轮电动车是他们的身影和工作状态的真实写照。随着网购和快递物流业的大发展，越来越多的年轻人加入快递员行列。

快递员指使用快递专用工具、设备和应用软件系统，从事国内、国际及港澳台地区的快件揽收、分拣、封发、转运、投送、信息录入、查询、市场开发、疑难快件处理等工作的人员。

据了解，快递员工资构成主要包括底薪、送货提成、收件提成、其他福利补贴 4 个部分。底薪从几百元到上千元不等，一般底薪高提成少，而底薪低或无底薪则提成会多一点。快递员每送一件快递，都能得到少许提成。一般有底薪的送一件提成 0.5 元左右，无底薪的提成 1 元左右。快递员每收一件客户下的单，一般能拿到运费 10% 的提成，按照 15 元运费计算，每件的提成是 1.5 元。此外，某些福利较好的快递公司每月还有数百元的电话费和油费补贴。

据《全国社会化电商物流从业人员研究报告》显示，2015 年中国社会化电商从业人员总数为 203.3 万人，其中快递员有 118.3 万人，他们承担了 2014 年全国 206 亿个包裹的主要送递服务，平均每人每天要送 47.7 件包裹。53.4% 快递员的收入在“2000~4000 元”，一年中，只有少数几个月份，能有员工拿到七八千乃至上万元的高薪，但这需要全月几乎无休，跑至少 8000 份单才行。其中，一线城市的快递员收入相比三四线城市的收入要高些。

三、餐饮服务员——微笑面上带，美食手中出

饭店招聘服务员时，大多会选择小伙子和年轻姑娘。如今，在不少中小饭店里，“大妈”服务员随处可见，35 岁以下的年轻服务员越来越少。由于服务态度好，能吃苦，不怕累，薪酬要求低，忠诚度更高，很多店主将目光投向四五十岁的“大妈”身上。

在河南省洛阳市不少中小饭店里，“大妈”服务员已悄然成为主角。在珠江路美食街，除一些时尚主题餐厅、连锁餐厅外，“大妈”服务员遍布各

“大妈”服务员正在接受培训

中小饭店，有的饭店甚至是清一色“大妈”。

“看到跟自己母亲年龄相仿的阿姨服务员，感觉像回家吃饭一样。”“去饭店吃饭，只要味道好，服务态度好，服务员年龄并不影响我们对饭店的选择。”这是不少顾客对“大妈”服务员的反应。相比较而言，“大妈”服务员的确普遍更有耐心，服务态度更好，能给消费者提供更周到的服务。因此，很多中小饭店在招聘服务员时已将年龄放宽到四五十岁，有的甚至对年龄没有限制。

也有一些顾客更喜欢年轻的服务员，他们手脚利索且“养眼”。但是，现今，一些饭店想招年轻服务员也比较困难，愿当餐饮服务员的年轻人越来越少，即使招到了，年轻人也沉不下心，干不了多长时间。

餐饮行业服务人员流动性大。随着生活水平提高，年轻人的受教育程度和就业眼光越来越高，除了重视薪酬，他们还越来越注重工作环境、假期福利、发展前景等。对于工资相对较低、工作繁重的服务行业，很多人往往不愿长期做。于是，许多中小饭店的老板将目光投向了“大妈”们。

“大妈”服务员在许多中小型餐饮酒店大受欢迎。一方面城市退休妇女闲着没事做，以及大量农村妇女开始流转出土地，从农业转向非农业领域，填补了年轻服务员劳动力市场供给量减速的空位期。另一方面，中国餐饮业发展的宏观环境也推动了餐饮酒店服务行业的人员需求增加。

文化农民篇

修养自身，福泽乡里

导 读

乡村文化是中国传统文化的家园，是乡民在农业生产与生活实践中逐步形成并发展起来的道德情感、社会心理、风俗习惯、是非标准、行为方式、理想追求等，表现为民俗民风、物质生活与行动章法等，以言传身教、潜移默化的方式影响人们。

相对于城市的现代、浪漫、复杂与多变，乡村则有着更多的诗意与温情，它承载着乡音、乡土、乡情以及古朴的生活、恒久的价值和传统。在城市化背景下，农村的大量消失并不意味着乡村文化的消亡，相反，乡村更加稀缺而珍贵，乡村依然是人们心灵的寓所。

在人们的记忆中，乡村是安详稳定、恬淡自足的象征，故乡是人们魂牵梦绕的地方。回归乡里、落叶归根是人们的选择和期望。而乡村人，或者说农民是乡村文化传承和发展的载体，他们的精神文化状态影响着中国传统文化演变的痕迹，以及村落文化的新发展。

30多年来，农民精神文化生活状况经历了先慢后快的发展过程。从20世纪80年代末到90年代初，由于改革开放的逐渐深入，以及市场经济的逐渐形成，农村的整体面貌有了很大改观，但同时由于外来文化的冲击，以及历史原因所造成的父辈们自身文化素质过低、观念落后，使得他们在受到外来文化冲击时显得犹豫、盲目、无所适从，农村里传统的文化生活方式，如看大戏、听说书、扭秧歌、祭祖等逐渐消失，农村文化阵地明显萎缩，文化建设发展缓慢。

从20世纪90年代后期到现在，这种情况开始逐渐好转。1980年左右出生的人开始成为农村家庭的家长，这些人大多受过初中文化教育，思想观念和文化素质有了很大提高，他对各种新鲜事物感兴趣，并且接受得快。于是，一度单调沉闷的农村文化生活逐渐变得丰富多彩。

在农村文化活动中，背后起到积极作用的人，除了村干部，最大的主体就是农民中的文化人，比如新乡贤、教师、医生、艺人，他们大多是农村人各种文化活动的主要组织者和记录者。更重要的是，新农村的文化如过去一样，他们是主要的传承群体，是讲好乡土故事的主力军。如今，在城乡交融、发掘本土文化趋势中，本土的“文化农民”是形成新农村文化的主要群体，特别是在对接外界资源、发掘本土历史文化进行内部再创造中，有文化的农民越多，村庄文化创造能力就会越强。

文化是新农村建设的灵魂。随着新农村的建设和发展，农村的传统文化得到了传承和恢复，特别是在农村的一批文化人的影响下，包括返乡农民的影响下，农村文化事业得到了发展，以传播知识、科技、教育、卫生为代表的文化农民队伍的作用不断显现。

第一节　乡村教师

乡村教师是农村教育“活的灵魂”，是农村学生看外面世界的“第一面镜子”。他们的地位的变化，事实上与乡村社会对待读书的态度直接相关。乡村教师的地位愈高，农村家长和学生对通过读书改变命运，以实现阶层向上流动的认同度也就愈高；反之，则愈低。可见，让全社会赋予乡村教师这个群体本应拥有的崇高地位，绝不仅仅关乎这个特定群体自身的光荣，更关乎乡村社会与农家子弟对待知识的态度，关乎底层社会对未来的期望。

据中国之声《央广夜新闻》报道，2015年在中国1500多万教师队伍中，相当一部分教师群体长期工作在山高谷深、落后闭塞的地方，撑起了乡村教育的蓝天。但是，根据教育部统计，2010—2013年，全国乡村教师数量由472.95万人降为330.45万人，短短三年时间内，乡村教师流失率达30%。乡村教师的队伍建设，正遭遇“下不去”“留不住”“教不好”的困境。

中国现在有300万乡村教师，他们是中国基础教育的脊梁，尤其是农村孩子成长的园丁。由于历史、经济、社会发展不平衡的原因，中国乡村教师短缺的问题非常严重。为了解决乡村教育和乡村教师的问题，2015 年国家出台了《乡村教师支持计划（2015—2020 年）》，这个计划是中华人民共和国历史上第一个关于乡村教师队伍建设的计划，意味着乡村教师队伍建设已经上升为国家战略。这个计划实施以来，教育部采取了一系列措施，加强乡村教师队伍建设，集中表现在三件事上：

（一）要“下得去”。乡村教师短缺的突出表现是“下不去”。《乡村教师支持计划（2015—2020 年）》颁布以后，深入实施“特岗计划”，积极争取扩大招聘规模，重点支持老少边穷等贫困地区补充乡村教师。这在一定程度上缓解了乡村教师短缺的问题。连片特困贫困地区和 265 个连片特困贫困地区之外的贫困县都纳入了这个范围。

（二）要“留得住”。乡村教师下去了留不住，干一段时间就走了，“特岗计划”也有这个问题。解决“留不住”这个问题主要有三招：中央财政投入了 52.53 亿元资金提高补助，有 8.1 万所学校的近 130 万名乡村教师受益；在全国为这些乡村教师、特岗教师建了 40 万套周转房，让他们住在条件比较好的地方，能够安心地在那里工作；提高乡村教师的荣誉感，向 106 万在乡村从教 30 年以上的老师颁发了荣誉证书，这在共和国历史上是第一次。

（三）要“教得好”。就是解决“教不好”的问题，这主要是质量问题。中国政府采取了一些措施鼓励水平比较高的校长、教师向乡村流动，同时加强了对校长的培训，让他们提高管理水平，以提高所在学校的教学水平。

2017 年 3 月 12 日，十二届全国人大五次会议新闻中心举行的记者会上，教育部部长陈宝生再次提出到 2020 年全面建成小康社会，基本实现教育现代化。发展乡村教育，帮助乡村孩子学习成才，阻止贫困现象代际传递，是功在当代、利在千秋的大事。发展乡村教育，教师是关键，必须把乡村教师队伍建设摆在优先发展的战略地位。

一、土生土长的乡村教师——用爱和坚守托起孩子的蓝天

原子朝是山西省平顺县西井山村西辿小学教师。2017 年，他被评为平顺县“师德楷模”，此前还入选了 2015 年度“全国教书育人楷模”候选人。其实，从

2007年开始，原子朝便“出名”了：“青羊先锋”“扎根山区师德标兵”“师德楷模”“全国模范教师”……

西辿小学位于太行山巅海拔1443米的石崖山上，服务于西井山7个自然村。这里自然条件恶劣，生活条件艰苦，人口稀少，居住分散，山大沟深，交通不便。1996年暑假，该校所属中心校领导找到原子朝，说位于西井山上的西辿小学条件差，好几任老师都因为太艰苦而下了山，山上的孩子们没人教，面临失学的处境，想让他去。当时，他在山下条件相对较好、离家又近的学校任教。但怀着为山区孩子撑起一片蓝天的理想，第二天他就背起简单的行囊，义无反顾地攀上了西井山。

这一待就是21年。这些年，原子朝以校为家，爱生如子，亦师亦父、亦理亦文地演绎着一位普通山区教师的精彩人生。他一个人默默地坚守在西辿小学，践行着一名教师的光荣使命。

西井山上，通往学校的路都是山崖上的羊肠小路，离学校最远的学生上学路上得花1个小时，还得爬坡越坎，尤其是下雨天、下雪天，大风呼啸，道路泥泞，孩子们都是跌跌撞撞地往学校赶。每次遇到这种情况，原子朝就主动到半路去接他们，放学了，会留下孩子们与他一起吃饭。有时候，孩子们

原子朝正给两个年级的孩子同时上课

实在不能到校，他就带着课本、教案、教具，奔走于各个学生家，上门给他们讲课。

他学历并不高，只是高中毕业，但凭着刻苦钻研的精神和优异的教学成绩，从民办教师转为公办教师，并成长为一名优秀教师。在教学中，他尽量不给学生留下任何疑难问题，经常会把学生们问他的不能及时圆满解答的问题，认真抄写在笔记本上，等去中心校开会时，就向其他老师虚心请教，弄懂了再教给孩子们。他十分注重提升自身教书育人的能力和水平，平时不断地钻研新教材、新课标，学习新知识、新理念。2006 年，县里为西井山小学配备了电脑。这个对电脑知识一窍不通的门外汉，硬是通过自学，掌握了电脑的基本使用知识，还学会了用电脑制作课件。

现今，学校还有 3 个学生，一个二年级的，两个学前班的。之前有两个学生升到四年级，就去了寄宿制学校。原子朝打算只要西井山还有一个教学点，就一定坚持教下去，直到教不动退休的那一天。他用自己的执着奉献成就了大山孩子成长成才的梦想。

大山里的小学，有很多像原子朝那样用自己的一生坚守着乡村教育理想和使命的教师。他们坚守在落寞的乡村里，行走在崎岖的山路上，依靠三尺讲台、一支粉笔，为千千万万的农村娃画出了一片未来。他们是知识与品行传递的桥梁，更是中国乡村精神的塑造者和传承者。他们默默无闻地付出，使得这些大山里的孩子接触到知识和外面的世界，才有了将来走出大山看世界的可能，有了摆脱一辈子贫穷的可能。而今，这些教师渐渐老去，山里的小孩也在渐渐减少，很多年轻一代的小孩被送到县城读书。这些教师拿着微薄的工资，既当校长，又当老师，甚至还当妈妈，照顾着这些刚刚开眼看世界的小孩，陪他们上好人生的启蒙课。

二、支教老师——回馈农村的第一站

李柳是上海同济大学 2015 届毕业生。毕业前她已经想好要参加“大学生志愿服务西部计划”，回到家乡的山区支教一年。在征得父母的同意后，她勇敢地递上了申请表。

2016 年 8 月，李柳的同学有的踏上了自己的工作岗位，有的出国深造了，有的继续在国内读研究生，而她选择与其他四位同济大学的毕业生来到四川省宜宾市的李庄镇，进行为期一年的支教生活。

第一次上课，她早早地来到初一（2）班的教室，上课铃响了之后，教室里还没有安静下来。学生们在议论，在嬉笑，没有人注意到这位从名牌大学来的老师。她开始了自我介绍："我是你们的语文老师，我叫李柳。"顿时，孩子们的注意力都放到了她身上。她拿起粉笔开始了一天的语文课，很多同学听不懂，她就停下来再讲一遍，直到大部分同学听懂为止。还听不懂的同学，她就课后找时间专门辅导。

她一直坚信农村的孩子一点不比大城市的差，虽然很少有人能学钢琴，报各种各样的才艺培训班，但他们会唱歌，唱歌不用花钱，只要有好嗓子。平时上完课，她就会和同学们结伴去家访，聆听不同的家庭故事，慢慢深入了解每一个孩子。经过一学期的教学摸索和家庭走访，她对班里每个孩子都有了一定的了解，第二学期根据具体情况为每个学生制订了相匹配的学习计划，并督促其认真执行，并不断进步。

一年的支教生活很快就过去了，班级里大部分同学的语文成绩都有了很大的进步，在全年级六个班中平均成绩排名第一。离别之时，她一进教室，全

李柳老师正在给学生上课

班同学就唱起了《朋友》，轮着要求拥抱李柳老师。李柳的眼眶也禁不住红了，然后是止不住的泪水。

这次支教让她深深感到，微小的一点付出，可能难以短期给一个地方带来翻天覆地的变化，但是会给部分孩子种下前进的种子。同时，支教也给支教人带来非常巨大的改变。这段经历不仅让她懂得了在艰苦的环境下如何拥有坚定的意志，更让她觉得自己这一代要为国家的发展多付出一些。

支教是一项支援落后地区乡镇中小学校教育和教学管理的工作，近 10 来年，政府和社会组织都投入了大量的资源和人力，以不同的方式，组织大学生或者城市中小学老师去中西部山区进行至少半年的支教活动，以此来帮助平衡地域和城乡资源差距，让更多的孩子能享受到优秀的教学资源。其中，许多来自农村的大学生怀着支援农村教育的理想，通过支教，回到农村，走上三尺讲台，传递着曾经的支教老师给予他们的正能量，并且在这个过程中，再次获得锻炼。

第二节　乡村医生

乡村医生，最初的名字叫“赤脚医生”，诞生于 20 世纪 50 年代。赤脚医生一般指未经正式医疗训练，仍持农业户口，一些情况下是“半农半医”的农村医疗人员。当时乡村医生的来源为医学世家子弟、高中毕业且略懂医术病理、上山下乡的知识青年。他们行走在乡间，用一根针一把草治病，为解中国一些农村地区缺医少药的燃眉之急做出了积极的贡献。因此，在当时，赤脚医生和农村医疗卫生网、合作医疗制度并称为中国农村卫生的“三大支柱”。

到 1977 年年底，全国有 85% 的生产大队实行了合作医疗，赤脚医生数量一度有 150 多万名。1985 年 1 月 25 日，《人民日报》发表《不再使用“赤脚医生”名称，巩固发展乡村医生队伍》一文。至此，“赤脚医生”的称呼逐渐淡出大众的视野。根据 2004 年 1 月 1 日起实行的《乡村医生从业管理条例》，乡村医生经过相应的注册及培训考试后，以正式的名义执照开业。赤脚医生的历史自此结束了。

20 世纪 80 年代末 90 年代初，乡村医生开始转为个体承包户，自负盈亏。到 2001 年，乡村医生联办或个体开办的医疗点占全国村级医疗点的 49.8%。2002 年，国家开始推行新型农村合作医疗制度，乡村医生的报酬纳入国家财政体系，从而形成了现在的一村一乡村医生的格局。

乡村医生的发展演变与中国农村卫生事业的发展变化息息相关。回顾中国农村医疗卫生事业的发展，它起步于民国时期，但是真正发展是在中华人民共和国成立之后。

新中国成立初期，中国政府即致力于农村卫生保健网的建立和完善，到 1965 年就初步形成了以集体经济为依托的农村初级医疗卫生保健网，县设医院，公社设卫生院，大队（村）设卫生室。

毛泽东主席于 1965 年 6 月 26 日发表了著名的“六二六”讲话。讲话指出，“把医疗卫生工作的重点放到农村去”，合作医疗在全国农村普遍开花结果，合作医疗覆盖率超过 90%，基本实现“哪里有人，哪里就有医有药”，“小病不出村，大病不出乡”，在世界上赢得了广泛的赞誉。

2002 年开始新型农村合作医疗制度改革，恢复一村一卫生室的建设，并建立了中央补助金制度，补助对象为中西部地区市区以外的参加新型农村合作医疗的农民。补助标准为人均 10 元 / 年，要求地方财政补助不低于人均 10 元 / 年，农民自己交纳 10 元 / 年。截至 2017 年，新农合个人缴费人均标准为 150 元 / 年。

目前，中国基本形成了县乡村一体的基层医疗卫生体系，以县级医院为龙头、乡镇卫生院和村卫生室为基础的农村医疗卫生服务网络。县级医院作为县域内的医疗卫生中心，主要负责基本医疗服务及危重急症病人的抢救，并承担对乡镇卫生院、村卫生室的业务技术指导和卫生人员的进修培训；乡镇卫生院负责提供公共卫生服务和常见病、多发病的诊疗等综合服务，并承担对村级卫生室的业务管理和技术指导；村卫生室承担行政村的公共卫生服务及一般疾病的诊治等工作。

乡村卫生医疗体系的恢复，使得乡村医生重新发挥巨大作用，乡村医疗队伍现代化、年轻化，人才的培养也不断充实。总之，乡村医生是具有中国特色、植根广大农村的卫生工作者，长期以来，他们在维护广大农村居民的健康方面发挥着难以替代的作用。

一、老一辈乡村医生——曾经的赤脚医生

山东省胶南市泊里镇董大庄村有这样一个村卫生室，乡村医生只有两位，他们是父子俩。父亲刘瑞森，今年 66 岁；儿子刘金学，今年 42 岁。

1963 年前后，刘瑞森被“选派”去学医，因为种种原因，次年便回到了村里，开始给人看病，至今已有 55 年历史了。如今，父子二人共同撑起了这个守护着包括董大庄村在内的附近 3 个村庄约 2000 位村民的健康。村里小小的卫生室和刘瑞森一起见证了基层医疗卫生事业的历史变迁。

刘瑞森走上医学道路是很偶然的事情，他爷爷当时会给人下个针，也就是会针灸，20 世纪 60 年代初大队知道这个情况后，就派他去学医。他被安排在公社办的卫校学习，学制两年。但是，因为种种原因，刘瑞森仅仅学习了一年，就回到村里给人看病了。那时就是“一根银针、一把草药”，能治疗的也就那么几种病，稍微有点难度的病症就要往大医院送。

当时经常夜里碰到大病号，他的小诊所治不了，就赶着往镇上送，村里几个人轮换着背，往大医院赶；病情严重的就用小推车推着送去大医院，十分艰难。当时赤脚医生还是要挣工分的，经常会被拉去地里干活，也就没有多少心思放在钻研医术上。农村实行家庭联产承包责任制后，村卫生室也开始走向承包制，他开始自负盈亏经营。到了 20 世纪 90 年代，以药养医开始盛行，诊所在开药时可以加成一部分，给自己带来一定收益，因此乡村医生的收入也多了不少。那个时候，刘瑞森只用看病，不用下地干活了。

他的儿子刘金学也正是在那个时期开始从事医疗工作的，看着乡村医生这份工作挺不错，刘瑞森决定让刘金学也去学医，跟着自己干。跟父亲的公社卫校相比，刘瑞森上的学校就要正规多了。他到了胶南市卫校学习，学制 3 年，主要学的是西医，后来又学习了两年中医。

进入 21 世纪，实行新型合作医疗制度。这让刘瑞森的乡村卫生室也发生了深刻的变化。2003 年，父子俩经过努力学习，都取得了山东省乡村医生资

乡村医生正在参加乡村医生从业资格考试

格证书。

刘瑞森和儿子忙碌的时候通常是在饭点儿和晚上休息的时间，白天虽然人不多，但也有很多事情要做，一刻也闲不着。刘瑞森不仅要收拾卫生，还要整理高血压、糖尿病患者的资料，并做好去农户家随访的工作。现在，他年事已高，许多对外的事务都由儿子去张罗了。

老一辈的乡村医生经历过大集体时的赤脚医生的日子，也见证了改革开放后的时代变迁，随着互联网的普及和新型医疗制度的确立，他们逐渐退出历史舞台，让受过正规训练的年轻人去担当重任。年轻人更有文化，更懂科学，更会学习。但是，老一辈乡村医生救死扶伤和吃苦耐劳的精神，是值得年轻一代的乡村医生学习的。

二、新生代乡村医生——科学治病，情怀担当

山西省大同市灵丘县下关镇下关村是一个群山深处的山村，而作为周围14个行政村、56个自然村中唯一的卫生院，一群“80后”乡村医生正在这里

用青春为近万名村民服务，演绎“大医精神”。

他们都有机会离开这里，却最终选择留了下来，为一方村民服务。地处黄土高原的大同市灵丘县，位于晋冀交界处，全县85%以上是土石山区，素有“九分山水一分田”之说。境内群山连绵，大大小小的山峰共有500余座。从灵丘县城走进大山，驱车近两个小时才能来到下关镇下关村。山沟沟里的某个半山腰，一幢醒目的两层白色小楼就是下关镇卫生院所在地。

1982年出生的董文权红彤彤的脸上透着山里人的憨厚。他2005年从山西中医学院毕业后，选择回到家乡，从最基层的医护人员做起。如今他已是一帮年轻人的带头人。和董文权一样，这里的9个工作人员，从护士到医生全是“80后”，最小的是1987年出生的。他们吃住都在村里，因为交通不方便，有时候20多天才回一趟家。

作为一家医疗机构，最令人发愁的就是经常断电、停水。一断电，仪器都使用不了了。停水了，大家只能一起抬水。而救护车要是没油了，得跑老远的路才能加上油，最近的加油站也有20多千米远。

卫生所的年轻人骑摩托车去给村民看病

他们长年工作，没有节假日。因为山区民居分散，村民们来看病的时间并不确定，有的甚至要翻过整座山才能赶来，作为医生则只能时刻准备着。有的村民半夜突发疾病，打来求救电话，他们不管什么时间，也得翻山越岭赶去病人家。除此之外，进行公共卫生宣传也是他们的重要工作。为了做到为每户人家建立档案，他们只要有空闲时间就去入户走访。

作为山西中医学院毕业生，董文权在这个小山村出生长大，从小看到山里的村民缺医少药、医疗观念差，所以他决定留下来改变这种情况。像董文权这样的年轻的乡村医生还有不少，他们有学历，有技术，勤奋刻苦，完全可以到城市寻找工资更高的岗位，通过打拼，在城市里成家立业，但是他们没有这样做，而是选择回到大山，寻找发展机会，服务乡民。留在山村行医，对于董文权而言，与其说是一份责任，不如说是内心对养育自己的土地的一份感恩和情怀担当。

第三节　乡村文化艺人

农村文艺是指农村区域内的人群在生产实践中创造的、在农村广泛流传的文艺形式。多民族杂居碰撞的历史使农村文化形成了具有多元因子的异质特点，使得农村地区拥有大量独特而丰富的民族民俗文艺遗产，其表现形式极其多样化，有丰收庆典、清明祭祖、求雨祈福、避灾消难等仪式活动，有龙狮舞、赛龙舟、对歌、唱戏等娱乐活动，亦有剪纸、刺绣、木雕、石刻、绘画等民间艺术活动。

但随着改革开放的深入、全球化进程的加快、现代化因素的渗入，一些优秀的传统农村文艺技能和人才逐渐消失。如在湖北省长阳土家族自治县，千百年来，勤劳智慧的长阳人民在生产生活中创造了丰富多彩的民间文化，积累了深厚的巴文化底蕴，有“歌舞之乡”之美誉。长阳山歌、南曲、巴山舞被誉为土家文化“三件宝”，蜚声海内外。域内民风淳朴，习俗奇特，除了以高亢激昂的山歌、祭奠亡灵的跳丧舞、哭泣庆贺婚嫁的哭嫁歌为代表的民俗文化独具魅力，还有那浩如烟海的歌谣、典雅隽秀的南曲、欢快炽热的吹打乐、婀娜秀美的花鼓子。但是在现代化大潮中，长阳传统民族文化赖以存在的条件和基础正受到前所未有的冲击和碰撞，一些民俗文化活动随着老一辈文化艺人的离世而消亡。

农村文艺遗产的减少与农村文化艺术后继无人有莫大的关系。改革开放后，大量农民外出务工，直接导致了农村精英（包括文化精英）外流，农村出现了“空心化”趋向。随着老一辈农村文化艺人的相继辞世，新一代农村文化艺人严重短缺，若干优秀农村文艺技能得不到传承，从而使得农村文艺遭受到“前所未有”的危机。

但是，在一些村庄，仍然有村民坚守着老一辈传下来的仪式和传统，比如河北省邢台市内丘县大垒东村让“跳世平”的百年历史舞蹈重新再现，山西省豆口村村民延续着百年的“二月二”龙王庙会。也有的村民出于自身的兴趣爱好，学习唱歌、绘画、武术等。因此，在这样的村庄，人们仍旧能感受到一种浓浓的乡土文化和艺术气息，村民的精神状态也能让人受到鼓舞和感染。

一、乡村戏剧——地方农民的精神食粮

当成熟了的玉米地和果实饱满的向日葵围绕着小村子，当牛驼闲卧，鸡犬相闻，村民悠然地在小村子里的一片空地上，呼吸着带有泥土芳香的空气，沐浴着从黄土屋顶斜射下来的阳光，内蒙古自治区包头市土默川上的父老乡亲热切地注视着戏台。随着四胡、三弦、扬琴等乐器的合奏声轰然响起，热热闹闹的地方戏——二人台开场了。78岁的郭威老先生一登台，村民们霎时眼睛一亮，便有人兴奋地小声说：“郭威来了！”

郭威老先生演唱二人台

郭威出生在二人台世家，他们一家七代人都爱二人台，家中经常打坐腔、唱二人台。他从小耳濡目染，血管里流的都是二人台的血液。他们家过春节的方式跟别人家都不一样。每到除夕，郭威和老伴备好年货，就把二人台乐器都摆出来，全家三代人就唱起二人台自娱自乐起来。如果不唱二人台，这年过得就没有年味。年年岁岁的浸染，使得他对二人台的喜爱深入骨髓。

中国乡村大地有许多地方戏曲，比如秦腔、上党梆子、花鼓戏、黄梅戏等，它们与地方生活、百姓劳

作、家庭人情息息相关。有一些戏曲是地方农民集体创作和传承的结果，语言朴实自然，直抵人心。

农村戏曲人骨子里流淌着对家乡戏曲文化的热爱，他们没受过正规的教育，多是靠着勤奋和努力，自学成才；他们的生活条件可能不太优裕，长年劳作在田间地头，却能让“真善美”于作品中再现；他们崇德向善，把所有心血默默地奉献给一生热爱的文艺工作。因为有了他们，当地的农民也多了一分精神食粮。

二、乡村画家——让乡村的美留在纸上

1957年出生的张妙兰是山西省平顺县豆口生态博物馆认知中心的文管员，也是豆口认知中心的负责人。她初中毕业后，成为村里幼儿园的教师，一年后到供销社当服务员，干了六年后，又外出做售票员，然后承包饭店。1996年，她又带着家人回到村里开小卖部，从此再未离开村庄。平时，她喜欢写写画画，一直坚持记录着村庄里发生的点点滴滴。

2001年年初，张妙兰知道时代在发展，在变化，村庄也会跟着发展，跟着变化。平时喜欢钻研画画的她，走遍村庄的每个角落，站在不同的角度，观察着村庄，勾画着村庄。渐渐地，在她的心中有了一个理想，那就是用自己的笔将村庄的古房子、寺庙、田地、河流、太行山谷等记录下来。而最好的记录方式则是画下来。

酝酿了七八年，在2008年，她终于完成了心中的理想，画了7米长的村庄景象风貌图——《三台锦绣图》。如今的豆口村的确如她所预料，一些地方已经大大变样了，她之前的努力没有白费，她的画对年轻人回忆村庄的过去起到了重大的作用。

农民画家如果不是凭借自身的兴趣爱好，是难以坚持下来的，因为他们没有太大的名气，所创作的画往往难以卖出去，不仅需要自己贴钱，还要自己去找资源钻研。收入不高的他们，压力要远远大于城市人群。也许他们的绘画技能远远没有受过专业训练的人高，但是正因为他们的喜爱和坚守，他们成为了守护乡愁记忆的主要贡献者，也成为了树立乡土文化自信的一线付出者。

张妙兰画的 7 米长村庄景貌——《三台锦绣图》

张妙兰与《三台锦绣图》的题字

三、乡村作家——乡村大地的本土书写者

年近 50 的汪稳生家住江西省婺源县紫阳镇汤村街，热爱文学的他在初中毕业后，就在种地之余，写散文和小说，有的散文和小说还发表在国家级和省级报刊上。他行走在婺源的灵山秀水中，从一篇篇“豆腐块”写起，到《婺源故事》《神韵婺源》等一部部图书的问世。二十年如一日，他默默地坚守着。

婺源文化底蕴深厚，人才辈出，几乎每个村庄都有一部传奇。在汪稳生小时候，这些传说只是通过故事的形式口口相传。由于时代的变化，现在青年人围在一起听老年人讲故事已经很少见了。很多民间故事和名人轶事只留存在各个村庄的老人的记忆中。如果不及时进行收集和整理，随着这些老人的逝去，这些故事将永远消失。他感觉应该有人去做这件事。

2001 年，婺源县开始大力发展旅游经济。自那以后，来婺源的游客逐年增加。很多游客在欣赏婺源美好的自然风光的同时，还想了解婺源的人文历史背景。从 2003 年开始，汪稳生经常骑着自行车、背着照相机到婺源各地寻

美丽的婺源古村落里藏着丰富的历史故事

访长者，听他们讲故事，获取了原汁原味的素材。几年下来，汪稳生走遍了婺源县 16 个乡镇，把所能收集的民间故事都收集全了。2006 年年底，汪稳生的《婺源故事》一书由中国文联出版社正式出版。汪稳生把《婺源故事》放到江湾、李坑、晓起等景点销售，不仅深受游客喜爱，还成了当地导游的讲解素材。2008 年以来，汪稳生又先后出版了《美的婺源》《神奇婺源》《神韵婺源》《婺源“三雕”鉴赏》四本书。

一大批情系故土的农村文化人，为弘扬和传承家乡的文化，默默奉献着，一代代，薪火相传，生生不息。相比作家，他们是农民；相比农民，他们是作家。所以他们比一般的作家更懂农民，更有条件挖掘农村的故事。他们是农村大地的真正书写者，默默地记录着乡土的味道。

第四节　当代乡贤

“新乡贤文化”这个名词，在 2016 年全国两会讨论《“十三五”规划纲要（草案）》时诞生，成为当年代表委员及民众关注和讨论的热点词汇。这一词由全国人大代表、安徽省社会科学院研究员钱念孙提出，继承中国传统的乡贤文化，让领导干部、知识分子和工商界人士“告老还乡”，对农村的发展有积极意义。

何谓新乡贤文化？《“十三五”规划纲要（草案）》中这样解释：乡贤文化是中华传统文化在乡村的一种表现形式，具有见贤思齐、崇德向善、诚信友善等特点。借助传统的“乡贤文化”形式，赋予新的时代内涵，以乡情为纽带，以优秀基层干部、道德模范、身边好人的嘉言懿行为示范引领，推进新乡贤文化建设，有利于延续农耕文明，培育新型农民，涵育文明乡风，促进共同富裕，也有利于中华传统文化创造性转化、创新性发展。

何谓新乡贤？新乡贤又“新”在何处？长期研究“君子文化”的钱念孙认为，一般而言，有德行，有才华，成长于乡土，奉献于乡里，在乡民邻里间威望高、口碑好的人，可谓之新乡贤。再宽泛一点说，只要有才能，有善念，有行动，愿意为农村建设出力的人，都可以称作新乡贤。

现今，新乡贤群体有感召力，做事说话，能够引发共鸣，能够点燃激发农村群众的善念，而一旦点燃了善念，很快就会铺天盖地地蔓延开来。

回顾历史，历代乡贤代替或配合政府处理大量社会“公共管理”事务，如架桥修路、挖渠筑坝、抢险救灾、尊师重教、纯化风俗、定纷止争、稳定秩序等。宋代户部尚书沈诜退休后，每遇灾荒之年就用自家的米救济百姓，深受群众爱戴；明朝兵部尚书魏骥退休后，为解乡民水患之苦，亲自主持修筑水利工程，受到明宪宗的嘉奖；明朝吏部尚书罗钦顺退休后，潜心研究理学，著述甚丰，被誉为“江右大儒”；清朝军机大臣、礼部尚书阎敬铭告老还乡后，热心公益事业，捐款修建义学，建起“天下第一仓”……

然而，由于各种原因，乡贤文化自明清以来，开始由盛转衰，近于凋敝；乡贤群体发挥作用的空间也愈加逼仄，近乎消失。因此，热爱乡土的人越来越担心，风筝断线了，农村知识精英都流向了城市，成了城里人。长此以往，农村成了空壳，魂就丢了。一个没有“魂”的乡村，是绝无半点吸引力的。

新乡贤的重要性，在当下不言而喻。他们用新的思想观念、知识和财富建设自己的家乡，也发展出了新乡贤文化。而且这些“能人”回到自己的家乡发展，不仅树立了榜样，引领了正确的价值观，还发挥了其所长，带动了农村经济、社会、文化等各方面发展。全国政协副主席毛致用退休后，回到家乡湖南省岳阳市西冲村，在三年中把西冲村从一个落后村转变为“岳阳第一村”；海南省原副省长、人大常委会副主任陈苏厚退休后，回到家乡海南省临高县南宝镇松梅村务农，让松梅村面貌焕然一新；延边军分区原副司令员金文元退休后，回到家乡吉林省安图县石门镇大成村务农，带领村民发展起10余种产业，人均年收入由不足3000元增加到现在的6000多元。

纵观古今，“告老还乡”者为农村、为社会做出积极贡献的案例不胜枚举。在全面深化改革、全面建设小康社会、推进乡村振兴战略的大背景下，采取激励政策让广大离退休干部、成功商人、知识分子“告老还乡”，让他们发挥余热，为农村、为社会做出更多贡献，既有利于社会的稳定和发展，也有利于退休者再焕发一次生命的光芒，更有利于填补农村人才紧缺的“空白”。

一、军人返乡——“司令”村官立奇功

李元成是湖南省桃源县马鬃岭镇刘炎村人，高中毕业后在村里工作，曾任生产队保管员、生产队长、会计等职。1970 年 11 月，应征入伍，从普通战士成为广东省深圳警备区副司令员。2005 年退休后，他回归家乡，担任刘炎村党支部第一书记至今。

他退休归乡的心思，其实早在 1999 年就有了。那年回乡探亲，一大早看到孩子们背着书包匆匆忙忙地赶路，他问：“伢子，这么早去上学？”孩子们回答着：“不早，要走一个多小时的路。”这时，他才知道，原来村里没有学校，孩子们要走 4 千米远的山路去上学。

刘炎村因抗日将领、新四军第一师原政委刘炎在该村诞生而得名。该村是马鬃岭镇地势最高的地方，也是最穷的一个村。这里虽然产柑橘，但道路不通，下雨天外地拖柑橘的车进不来，一筐筐的柑橘只能烂在橘园里……因为穷，当地甚至有“嫁女不嫁刘炎村”的说法。

退休后的李元成，婉言谢绝了高薪聘用，选择回乡，桃源县委组织部便任命他为刘炎村党支部第一书记。有人说：“人家大司令，怎会回来当个村干部？”没想到，他满口答应。因为，他生在农村，长在农村，对农村、农民、农业的苦体会太深。农村太需要人才了，他想回来帮助乡亲走出一条建设新农村的路子，实现人生价值的最大化。

司令员回乡当了村官。大伙发现，他还是当年那个能吃苦耐劳的人。村里没有学校，他先在深圳朋友中募资，又动员老婆和女儿捐款，再加上自己的积蓄，接着又跑到省里、市里争取资金，先后筹措了 200 多万元建设资金。学校的建设，大事小事他都亲力亲为。教学楼上 8 个大字的校训，是他带头背上楼顶的。

建好了孩子们的校园，李元成又办起了村民夜校。他认为，美丽新农村，首先是人要美。只有人的素质提高了，才能打好歼灭贫穷的翻身仗。

修建刘炎烈士纪念亭唤醒了村里党员群众继承光荣传统的意识，也给了大伙用革命精神建设刘炎村的精神动力。李元成既争取项目资金，又扛着锄头带领大伙修路。如今刘炎村道路已连成网，家家户户出门都是水泥路。村

李元成（中）和村民们一起下田

李元成（右）和老乡拉家常

里还修建了招待所，新建了居民小区。

2013 年，李元成到外地考察学习后，在刘炎村成立了水稻、柑橘、农机 3 个生产专业合作社，自己担任水稻合作社社长，将田地集中起来，进行机械化作业。农民每亩田收取 300 元租金，生产时可以来帮工，按劳动天数获得报酬……刚开始，少数农民还没想通，不愿意将土地流转到合作社。一年下来，大伙一算账，发现把土地流转给合作社耕种划算多了。于是，水稻合作社的土地从第一年的 70 多亩到第二年的 700 多亩，现在已有 1000 多亩了。农民从繁重的体力活中解脱出来，村里也没了良田抛荒的现象。

回乡当村干部，李元成有三个心愿：一是让农村变社区，二是让农民变居民，三是让农业生产产业化。这些愿望都在一步一步地实现。

如今，习近平总书记为了推进军队现代化建设，实现强军梦，为中华民族伟大复兴梦保驾护航，进行军队改革，裁撤 30 万军人。有一部分上了年纪的军人就告老还乡，像李元成一样，继续发扬着敢“啃硬骨头”、敢“攻山头”的军人本色，为农村的发展贡献智慧和力量。

二、干部返乡——情系家乡，心为农民

这是一个寻常的农家小院，有一排低矮的平房，有水泥砌好的院子，还有青青的菜地。房子并不宽敞，有一间专门被辟出来作为“青少年图书室”。院子不大，摆放着一张乒乓球桌。

1994 年李世友从湖南省吉首市桑植县上河溪乡政府人大主席任上退休

后，上河溪乡上河溪村的这个农家小院就成了他另一个工作“阵地”。在这几间简陋的房子里，他开过村党支部会议，帮老人们写过材料，为娃娃们开过假期学校，还接待过许多来自城里的“客人”。

当年李世友退休回村，村里是真的穷，“三不通”——不通水、不通路、不通电。村民们觉得他当过“官”，有办法，希望他当村支书，带领大伙儿改变现状。

李世友几乎没有犹豫。上任后，李世友就在自己家开了个村组干部会议，会上说：“我当村支书，但我不要报酬！”

要想修路，就得去县里跑资金。李世友把自己的退休工资拿出来作差旅费，“退休工资是国家给的，用在这里天经地义”。他还把乡里给自己的补贴也掏出来，奖励做事的村干部，大家做事的积极性很高。

李世友曾做过 10 多年的农业技术员，他开始琢磨，能不能用自己熟悉的农业技术，带领村民种梨树创收脱贫。最后由于人心不齐，管理不善，种梨树没有成为全体村民的致富道路。但李世友并没有灰心，他又利用自己掌握的黄柏种植技术帮助贫困户脱贫。

在世人的眼中，李世友并不富裕，他身上穿的还是学生志愿者的衣服；但在精神世界，李世友很富有。他的心里，满满的都是对国家的感恩，对土地的热爱，对乡亲的关心和对孩子们的爱护。他以自己年复一年的行动，努力在自己的家乡播撒爱的种子、知识的种子。

古代中国，不论是做官的士人，还是漂泊的游子，晚年都会回到故土，中国人形象地称之为“落叶归根”。如今，这一传统得以延续，一些退休干部返乡助力新农村建设。与本土乡绅和村干部们相比，退休干部返乡变身为乡贤后，在农村建设中，展现出相对优势。他们经验丰富、视野宽阔、信息灵通，凭借积累的人脉、资金、知识资

李世友为留守儿童拉二胡

源，成为农村基层组织治理乡村的得力助手。

2017 年，中国聚焦“三农”的一号文件提出，创新乡贤文化，弘扬善行义举，以乡情乡愁为纽带吸引和凝聚各方人士支持家乡建设。对于借退休干部等乡贤力量助推新农村建设，中国多地已有探索。比如，贵州省印江县探索“村支两委＋乡贤会”的新管理模式，各村陆续成立“乡贤会”，帮助群众解决实际困难，化解矛盾纠纷，捐助公益事业。

三、成功企业家返乡——致富有门道，管理有诀窍

“我是一名党员，不能光盯着自己的事干。”这是白利国的宣言书。在河北省玉田县，白利国是个成功的企业家。从外出打工起步，经过 20 多年创业打拼，他先后办起十几家企业，积累了数亿元资产。他名下的泰丽公司，跻身全国花炮企业十强。

“你这几年干得不错，能不能回来接替我？”2008 年年底，刘现庄村老支书刘德如找到白利国，劝说他回村。

当时的刘现庄，人均收入不足 3000 元，村民的日子过得紧巴巴的。白利国动了心，可遭到了父母、妻子、企业高管的极力反对。“我是一名党员，不能光盯着自己的事干。”白利国说，“人活着都有理想，20 多年艰苦创业，实现了我的第一个致富梦想。我的第二个梦想就是，带领全村老百姓跟我一块儿富起来。”

2009 年 1 月，刘现庄村“两委”班子换届选举。年近不惑的白利国高票当选，回村挑起了村党总支书记、村委会主任的重担。

一上任，他就将自己的企业交给家人打理，带领村干部挨家挨户走访，征求乡亲们的意见，连续召开村“两委”班子会、党员会和村民代表会，决定从村民最期盼的事抓起，首先建新民居。

白利国没有跟家人商量，从自家企业里拿出 5000 万元，先把工程干起来。新民居建到一半，资金出现缺口，贷款又下不来。万般无奈，他先后卖掉了自己在内蒙古自治区的花炮厂，玉田县的采石场、服装厂和饮料厂，筹资 1.6 亿元垫到村里。

“我是一名村干部，更是一名共产党员，做啥事都得负责任。”面对家

人的不解，白利国说。他跟老百姓承诺过，利用5年时间，把村里的新民居建造成功。村里缺钱，他有能力就帮一把。

一诺值千金。4年半时间，刘现庄27万平方米的新民居拔地而起，村里525户、2006口人搬进了新居，置换出680亩土地。

7年过去了，刘现庄的变化，让人们惊异不已。而村民们更是惊喜地发现，白利国的承诺正在一步步变成现实。低矮破旧的老屋不见了，取而代之的是规划齐整、环境优美、让城里人都艳羡的新民居；幼儿园、小学、体育馆、医疗室、健康保健中心、村民服务中心等公共服务设施配套完善；村民腰包鼓起来了，村民年人均纯收入从2009年的6000元增加到现在的18000元；村民定期领取米面油，物业费、取暖费免交；参加新农合有补贴，孩子升学有奖励。

如今，许多从村庄走出去的成功企业家，事业成功后，总会以一定的形式给自己的家乡做点事。有的是爱心捐赠助学，有的是建福利院，有的是修路，更有的如刘现庄的白利国回乡当村支书，直接参与到村庄的发展管理

现在的刘现庄村民人人住上了小区楼

中，带领父老乡亲走上致富的道路。虽然一个白利国只有力量发展自己的村庄和附近几个村庄，但是，成千上万个白利国这样的企业家汇聚起来就是巨大的力量，将带动成千上万个村庄的发展，汇聚起来就是带动几千万个村民走向致富路。

四、知识分子返乡——春风化雨，有担当

夏昭炎，1935 年出生于湖南省株洲市攸县石羊塘镇南田陇高桥。2004 年 5 月，他从湖南科技大学教授职位退休，定居在攸县石羊塘镇谭家垅村。

他退休后回归家乡，尽己所能造福桑梓。他喜欢打着赤脚、戴着草帽走在田间小路上。谁家插秧，他还上前帮上一把，裤腿上沾满湿润的泥。乡亲们叫他“赤脚教授”。

“乡村也应当有自己的文化氛围，城里有‘文化’，我的家乡也要有。”十几年来，夏昭炎做回了“耕夫”，他不种稻谷，“种文化”，为乡亲们耕

孩子们已养成了周末到农家书屋读书的习惯

种出一片“文化田”。

他先是帮忙修路和修桥，接着改变村庄娱乐文化匮乏的现状。通过整饬老屋，办图书室、阅览室、学习室等，还添置了电视机、音响等设备。从此，高桥文化活动中心诞生了。夏昭炎夫妇还组织村民成立了文艺队、体育队，教村民练习医疗保健操、打太极拳、跳广场舞。村民们打牌的少了，锻炼的多了，欢声笑语也多了。

村里留守儿童比较多，而且多半是跟着爷爷奶奶在牌桌边长大的，缺乏良好的成长环境。“读书能改变命运，知识能让人进步。”夏昭炎特别看重村里的农家书屋，常常自掏腰包添置新书，如今书屋里的书已有5000余册。为了鼓励孩子们多读书，夏昭炎以借阅数量和所写的读书报告为依据，给孩子们颁发“文学小硕士”“文学小博士”等“学位证书”。

给家乡做点事，教化乡民，是千千万万知识分子回报家乡的方式。他们有情怀，有文化，见多识广，深知文化的重要性，更知道农村孩子多学习点知识的长远意义。在新乡贤中，他们是推动村庄文化建设的主要力量，条件允许的情况下，他们也会积极参与村庄的建设，帮助出谋划策。在提升村民的文化自信心、自尊心上，以及在敦厚民心、民风和激励社会方面，他们发挥着重要作用。

村干部篇

全心全意为人民服务

导 读

从古至今，无论是里长、保长，还是村支书、村主任，都是政府与民众联系的纽带，是中国地方基层组织体系的重要部分。经过新民主主义革命及土地改革后，农村的宗法治理体系被打破了，代之为以共产党组织为核心的基层群众自治组织体系，族长参与管理村庄事务的形式开始退出历史舞台，村干部作为基层干部成为主要的管理组织人员。

特别是在改革开放后，人民公社、大队、生产队的组织管理体系为乡镇、村、村民小组的管理组织体系所取代。从1988年试行《村民委员会组织法》到1998年第九届全国人民代表大会常务委员会通过，再到1999年出台《关于加强农村基层干部队伍建设的意见》，农村基层政权建设和党组织建设逐步走向新的制度化时期，基层群众自治组织模式不断进行探索，逐步形成村民自我管理、自我教育、自我服务的基层群众性自治组织，实行民主选举、民主决策、民主管理、民主监督。

截至2016年年底，中国有近3.3万个乡镇，58.6多万个行政村，270多万个自然村，在乡镇和村落中生活着6亿多农民，有近500万基层农村干部。狭义而言，村干部是指村党组织和村委会的任职人员，主要包括村支书、副支书、主任、副主任，其中村党组织书记和村委主任是主要村干部。广义而言，村干部不仅包括村两委干部，而且包括其他在村级组织开展工作的人员，主要有三类：一是村民小组组长、妇联主任、治保主任、人口主任、民兵连连长、团支部书记、村办经济组织负责人等；二是选聘的大学生村干部；三是上级选派机关干部到村任职人员，例如驻村干部、驻村第一书记等。

在2015年6月召开的全国农村基层党建工作座谈会上，习近平总书记再次强调：“农村工作千头万绪，抓好农村基层组织建设是关键，无论农村经济社会结构如何变化，无论经济社会组织如何发育成长，农村基层党组织的领导地位不动摇，战斗堡垒作用不能削弱。”2017 年 10 月 18 日，中国共产党十九大报告用了近一页的篇幅阐述了要建设高素质专业化干部队伍，几百万农村基层干部是重要组成部分。由此可见，农村基层干部承担的职责十分重要，发挥好他们的作用，全心全意为群众服务意义重大。

第一节　基层干部

全面建成小康社会，推进乡村振兴战略，重点在农村，难点也在农村。建设社会主义新农村，关键是要有一支充满生机和活力的农村干部队伍。随着农村各项改革的不断深入和经济社会形势的不断变化，农村干部更需要谋求经济发展，带领群众致富，缩小城乡差距。

村支书、副支书、主任、副主任、妇联主任、民兵连连长、团支部书记、村民小组组长等，基层干部绝大部分是农民出身，他们了解农民、懂农民，又能代表农民与政府人员有效沟通对接，起着政府与农民之间的纽带桥梁作用。他们是否廉政、勤业，直接影响到村庄的发展走向，久而久之影响当地民风。几十年的发展经验显示，一个村庄有高品质高素质的基层干部队伍，有又红又专的基层干部队伍，这个村庄的集体经济往往有一定的发展和积累，另外配上政府的财政转移支付，这个村庄的公共服务事业往往发展得比其他村庄更加完善。

一、老支书之一——老共产党人的“共同富裕”信念的坚守者和实践者

吴栋材是一个毕生追求实现老百姓幸福梦想的农村带头人。30 多年来，他带领全村干部群众艰苦创业，把一个贫穷落后的江边荒村变成了一方物质文明和精神文明协调发展的乐土。是什么让他坚持 36 年，义无反顾、坚定前行的？是共产党人走共同富裕道路的坚定理想信念，是与群众朝夕相处建立起来的血肉联系。

1978年8月，43岁的吴栋材推着一辆破自行车，来到永联这个江苏省张家港市最小最穷的村担任村支书。他暗下决心，要彻底改变这里贫穷落后的面貌。

当年冬天，吴栋材带着全村青壮年在低洼地上挖塘养鱼。“穷不会生根，富不是天生。要想富，就要战天斗地。”他带头卷裤腿、下冷水、挑土方，带着永联人奋战50天，挑土10万立方米，挖了50亩鱼塘，也填平了低洼地。第二年，永联人就迎来了建村8年来第一个吃饱肚子的丰收年。

解决了温饱问题，吴栋材开始带着大家致富奔小康。当年苏南乡镇企业刚萌芽，吴栋材就组织村里的能工巧匠，一口气办了枕套厂、玉石厂等7个小工厂……1984年，瞅准苏南农村变富、家家盖新房的机会，吴栋材果断关停了这些厂，拿出全村大办乡镇企业积累的30万元钱，创办了永联轧钢厂。

2001年，钢材市场巨变，吴栋材又提出转型炼钢。一个村搞炼钢厂，十几亿投资，万一砸了，全村十几年辛苦挣来的钱，就全打了水漂。“办法总比困难多，不管什么事，只要去干，就有成功的希望！”面对众多质疑，吴栋材大声疾呼：“放手一搏，冲出一条‘血路’！”在他的带领下，永钢100万吨炼钢项目仅用341天就建成投产了，永联村也由此走上了一条全新的工业化道路。

2002年，苏南兴起新一轮改制大潮，上级要求永钢“彻底转、转彻底”，公司很多人也想着“全分掉”。而吴栋材悄悄去找了市领导，要求给村里保留股权。公司干部会上，吴栋材说：“要是‘转彻底’了，永联村的公共建设怎么办？永联村村民怎么办？我是企业董事长，更是永联村的党委书记，我把我的一半股份留给村里。”吴栋材带头给村里留股份，就这样，他为村集体争到了对于未来发展至关重要的25%的股权。如今，永钢集团每年可以给村里分红8000多万元，等于给村里栽了一棵巨大的“摇钱树”。

30多年的筚路蓝缕，吴栋材坚守着让永联村老百姓富起来的承诺，带领全村老百姓搞副业、办钢厂，做精科技农业，发展乡村旅游，踏准农村改革发展的每一个节拍，走出了一条村强民富的发展道路。

村庄是大家的，要把它管理得让绝大多数村民都满意，就必须集中全体村民的智慧。吴栋材深知，现代化的村庄治理，不能再靠一两个“能人”，也

多年扎根永联村的老支书吴栋材

永联村有“华夏第一钢村”的美誉

不能由村里一手包揽，而要靠村民自治，靠公共管理，靠社会力量。于是有了永联村的“村民议事厅”，专门组织200多名村民代表商议永联村老百姓的事情，为老百姓争取应有的权益。每逢村民代表开会议事时，其他村民可以来二楼旁听观摩，外墙上的电子大屏幕同步对外直播。

老支书吴栋材几十年对理想信念的坚持，永联村一步一步走在农村集体经济发展的前面。村庄大力发展工业的同时，也给集体资产增值创造了各种有利条件，从而在工业发展中壮大了集体经济，进而更好地反哺了村民，保证了村庄相对整齐的前进步伐。

二、老支书之二——让党员干部做发展的带头人

“要苦先苦党员，要死先死干部。”这是湖北省保康县马桥镇尧治河村党委书记、村委会主任孙开林在带村民修路时说过的一句话。

1988年，贫穷落后的尧治河村想开办磷矿厂，推选当时任民办教师的孙开林当矿长。要想富，先修路，山里有磷矿，就是因为不通公路，卖不出去，群众才这样年复一年受穷受苦。只有把路修通了，致富才有希望。孙开林说服妻子拿出家里积攒多年的4000元钱，又贷款3000多元，买来炸药和雷管，在沉寂千年的深山狭谷中，炸响了向贫困宣战的第一炮。

开工那天，刚刚下过一场大雪，地上结满了牛皮凌，孙开林带领群众顶着刺骨的寒风，爬上陡峭的山崖打眼放炮。一开始，大家畏首畏尾。孙开林想，喊破嗓子不如自己干出样子。他带头腰捆绳子，从岩头吊到半山腰打眼。人在半空中，一锤打下去，身子一摆老远。教师出身的孙开林，甚至将指甲壳都碰掉了，痛得直钻心，但他撕块布头缠住，继续干。

在孙开林的带动下，其他党员干部也冲锋在前。哪里最危险，哪里就有干部；哪里最艰难，哪里就有共产党员。就这样，大家起早贪黑，饿了勒一下腰带，渴了啃一把冰雪，经过两个多月的日夜奋战，终于修通了通往第一个矿点的6000米山路。

就这样，尧治河村200多个劳动力没花国家一分钱，用几年时间，修通了山间公路86千米。有了路，还要有电，把一根根重达600千克的水泥杆子抬上悬崖峭壁，其艰难程度可想而知。孙开林带领15名壮汉，抬了整整一

尧治河村整齐美观的村居

天，才栽上了第一根电线杆。就这样，他们拼搏了 183 天，共栽水泥杆 554 根，把电线牵到家家户户。路通了，灯亮了，矿石开采出来了，而且产值连年提高，积累不断增加，尧治河村走上了发展致富之路。

1993 年 10 月，孙开林当选为尧治河村党支部书记。他考虑到，矿总有开完的一天，吃祖宗的饭要想着子孙的饭。于是，他和村委班子提出了“开发小水电、改造当家田，建园调结构、植树满山川”的长效发展目标。

经过 20 多年的发展，尧治河村党委一班人带领全体村民，凭着敢拼敢闯的精神，修路开矿，改田建园，兴办工厂，一举改变了贫困落后的面貌。尧治河村现已发展成为集磷矿开采、精细磷化工研发、水电、旅游、酒业、餐饮服务为一体的大型企业集团，拥有村级企业 22 家，有专业人才及企业员工 1500 余人。2016 年，全村工农业总产值 38 亿元，农民人均纯收入 4 万元，100% 的农户住上了别墅，实现了共同富裕。2017 年 12 月，尧治河村荣获 2017 年全国名村影响力排行榜 300 佳。

“共同富裕必须家家富，人人富。”孙开林带领尧治河村不断增强集体经济实力的同时，还带领家家户户摆脱贫困，过上了幸福和谐的新农村生活。为了抚养孤儿和孤寡老人，村里建起了福利院。为了方便孩子上学，村里建起了标准化的寄宿学校，在这里上学的孩子一律寄读，一律免费。村里还专门开辟了一片山林，叫“悔过林”。谁要是违反了村规民约，就要到那里去植树 200 棵。

发展经验证明，农村集体经济搞得好的村庄，一般是村庄党员干部起了很大的带头作用，他们“红不红、专不专”，直接影响到村庄的凝聚力和发展潜力，更是影响着村民能否共同走上富裕的道路，而今日的尧治河村，则给全国的村庄做出了榜样。

三、“新能人”村支书——让村庄重新焕发生机

左文学于 1971 年出生于贵州省安顺市塘约村，高中文化程度。1991 年，他为了生计到北京打工，那时候的梦想是“赚了钱回来在县城开个大超市”。那年，他刚结婚。1992 年，他回家种药材，办猪圈，搞粮食加工，成为当地小有名气的人，被认为是个致富能手。

2000 年，村领导班子换届，养殖致富的左文学被村里人选为村主任。这一年，他入了党。这是他人生转折的第一步，之前是他一个人的奋斗，如今成了村干部，要带领村民们一起奋斗。2002 年年底，他当选为村党支部书记，成为了塘约村的当家人。他和村民们修桥、办煤厂、搞木材加工厂，都是磕磕绊绊的。但他为大家做点事情的初心未变，所以也赢得了群众的拥护。

2014 年 6 月 3 日，塘约村遭遇百年未见的大洪水，田毁了，路毁了，房子也毁了。过了两天，时任安顺市委书记周建琨来塘约村视察，对左文学提出了惊天动地的一问：“你为什么不成立合作社？”

左文学在改革开放前修建的塘约生产大队办公楼里开了一次对塘约村来说决定前途命运的干部会，最后决定：单打独斗没有出路，必须强弱联合走共同富裕的道路。仿佛心中早有的愿望，在这个夜晚苏醒了。老年协会成为组织骨干，党支部成为领导核心的组织模式建立起来，全村被动员起来参与到合作化的讨论、说服、教育中。

随即，塘约村召集了 10 个自然村的代表开大会，全票通过了将土地承包

经营权流转给合作社的决定。他们成立了“村社一体”的合作社后，经过教育，全体村民自愿把承包地确权流转到新成立的合作社里，进而做到“七权同确”，极大地巩固了集体所有制。全村重新组织起来，抱团发展集体经济，实现“三变”——资源变资产，资金变股金，农民变股东。

截至 2016 年年底，塘约村集体经济收入超过了 200 万元。农民人均纯收入由 2013 年的不到 4000 元提高到 2016 年的 10030 元。在 2014 年前，塘约村是“挂了号”的贫困村。到 2016 年，塘约村成了远近闻名的小康村。

对于重走集体道路的塘约村的种种变化，左文学心里最清楚，村党支部发挥了战斗堡垒的作用。支部管全村，村民管党员。在塘约村，开展的是“三级”考评，严考干部，树优良作风。每年年底，组织 12 名村“两委”班子成员、11 名村民小组组长、921 户村民分别对“两委”班子成员、村民小组组长、村民议事会进行综合考评，民主测评结果作为干部评先选优及绩效考核的重要依据。村内的重大事项须经“两委”联席会协商才能确定，村委拟

塘约村村民已习惯来书屋查阅资料

办实事由监督委员同意后才能实施，并接受全程监督，充分尊重群众的知情权，保障村民的合法权益。

随着在外工作或者经商致富的能人回村竞选村支书，带动村民致富的例子越来越多，也越来越受到村民的欢迎。在此趋势下，政府积极出台政策，鼓励退休回籍的党员干部担任村支书，探索跨村任职，提倡村支书和村主任“一人兼”；同意推广基层创造的“两推一选”“公推直选”方式产生村党支部书记的经验；鼓励农村中致富能人参与干部竞选，带动村庄发展。

四、村妇女主任——农村妇女的贴心大姐

在农民中有一群这样的女人，她们是那样平凡，却默默地为农村姐妹们付出着，她们就是村民眼里的贴心大姐——妇女主任。

湖南省双峰县三塘铺村的朱济民就是千万妇女主任中一员。她担任妇女主任38年了，几十年如一日，风里来雨里去，兢兢业业，把自己的青春年华和满腔热血奉献给了党和人民群众。

曾经，计划生育是天下第一大难的工作。由于多方面的原因，很多人对从事计划生育工作的人员恨之入骨。朱济民认真负责，村里独生子女户、两女结扎户也不少，但是并没有闹到让村民们对她咬牙切齿的地步。

她有一套有效的群众工作方法，被她称为“四勤”：一是“脚勤”，经常走村串户，多到群众中去，和群众打成一片；二是“口勤”，常和村民交谈，对村民的情况了如指掌，做思想工作晓之以理、动之以情；三是“眼勤”，多观察，群众有难处，看在眼里，记在心里，及时帮助；四是“手勤”，出门随身携带工作笔记，有什么情况就记在笔记本上。

每次开例会，她都是第一个到的。每次检查资料，她的笔记总是工工整整，一丝不苟。每次向她询问村里的大小事情，她总是了如指掌，对答如流。每次村民有什么事情，都喜欢找她。她总是有求必应，经常为村民代办事情。

毛主席曾说：“一个人做点好事并不难，难的是一辈子做好事，不做坏事，一贯地有益于广大群众，一贯地有益于青年……”朱济民已经把为村民服务、做事当作了人生最大的快乐。

20世纪90年代末，青壮年农民开始大量外出打工，留在农村的主要是老

各村组织学习放开“二胎”的中央文件精神

人、妇女、儿童，于是，相对年轻的妇女成为村庄的主要群体，有的代替丈夫耕地、收割庄稼，有的成为村干部，带领村庄发展，有的会积极帮助村里老人解决生活中遇到的难题。“妇女能顶半边天”，在如今的农村非常普遍，因此，做好妇女工作，对村庄的发展、稳定、和谐意义重大，而在这项工作中妇女主任起到了极大的作用。

在农村，妇女主任是妇女代表大会选举出来的代表。农村妇代会由本村年满 18 周岁的妇女民主选举若干代表组成，代表人数根据行政村的规模和各经济组织妇女人数而定。代表们推选主任一人、副主任若干人，负责日常工作。农村妇代会每三年换届一次，换届工作与村民委员会换届同步进行。妇女主任的职责是，贯彻执行上级妇联组织及同级妇女代表大会决议；指导所辖农村妇代会开展妇女工作；加强与乡镇内单位及其妇女组织的联系与合作，培育以妇女为主体会员的协会、联谊会和农村经济合作组织等基层群众组织，推进乡镇妇女工作的社会化；加强乡镇妇联自身建设，提高乡镇妇联干部的学习能力、创新能力和服务能力。

第二节　大学生村官

2008 年 4 月，中共中央组织部、教育部、财政部、人力资源和社会保障部联合印发《关于选聘高校毕业生到村任职工作的意见（试行）》，中国全面实施大学生村官计划。时光飞逝，大学生村官计划的实施已到了第十个年头，进入发展新常态阶段。

在 2014 年 5 月 30 日召开的全国大学生村官工作座谈会上，中共中央组织部部长赵乐际在讲话中指出：“对新疆、西藏、青海等少数民族地区和艰苦边远地区，根据有关规定，可适当降低学历门槛，并重视选聘懂双语的人员。”从这两年选聘的大学生村官情况来看，除西藏、新疆外，均为本科以上学历。博士研究生、硕士研究生和本科生的比例都在上升，专科生的比例下降较为明显。尤其是博士研究生的数量呈现较大幅度的增加，2015 年年底仅有 21 人，到 2016 年年底时则达到了 102 人。

从大学生村官所学专业情况来看，社会科学类的比例占据一半以上，2016 年年底高达 55.1%，比 2015 年年底的 54.2% 提高了 0.9 个百分点，这与当前高校毕业生因专业找工作困难程度不一有关系。理工类的次之，占近 3 成。农林渔牧类的比例也呈上升趋势，由 2015 年年底的 5.9% 上升到 2016 年年底的 6.1%。

近两年，教育部及中央部门直属院校、“985”工程院校、“211”工程院校的毕业生进入村官序列有增加趋势，分别增加 0.5 个和 1.4 个百分点。2015 年和 2016 年，全国分别有 67394 名和 53203 名大学生村官进入村“两委”班子，其中村“两委”委员比例提高 1.9 个百分点，村“两委”副职以上干部比例相应有所下降。

大学生村官在任期结束后，事业发展方向也越来越多元化。2016 年全国流动大学生村官 5.9 万人，比 2015 年同比增加了 7 个百分点，其中进入公务员队伍的有 2.16 万人，占 36.6%，与 2015 年相比提高了 1.8 个百分点；进入事业单位的有 2.56 万人，占 43.3%，与 2015 年相比提高了 10.1 个百分点。而自主创业、另行择业的人数大幅度减少，其中自主创业人数由 2015 年的 3300 人锐减到 2016 年的 1100 人，另行择业的由 2015 年的 1.7 万人锐减到 2016 年的 0.6 万人。两者同比分别减少了 3.2 个和 16 个百分点。

一、扎根农村者——用知识改变农村

2012 年，贾芳毕业于江汉大学环境艺术设计专业。毕业后，她通过了武汉地铁集团的招聘面试，但她最终放弃了武汉地铁集团的工作机会，选择到湖北省武汉市蔡甸区星光村做一名村官。星光村是全国文明村，有着很好的经济规划，在这里她可以将自己的所学用于村庄的建设。

2012 年 8 月 23 日，贾芳来到星光村报到。负责接待的是村团支部书记左壮。他刚送完一个大学生村官不到两个月，一见到贾芳就说："我们村以前也来过好几个大学生村官，但他们最多待一年就走了。"贾芳真诚地说："你放心。来到这里，不给村里做出点成绩来，我不会走的。"村团支部书记听后笑了笑，没有回答。他不太相信站在自己面前的同龄人的话。

正式报到后，她被安排担任村委会主任助理，负责星光村现代农业园建设。星光村一些村干部文化程度比较低，不能很好地胜任新形势下的工作，在贾芳的建议下，村里办了一个电脑培训班，以提高大家的工作能力。高中毕业的左壮也拜贾芳为师，学习电脑知识。在此过程中，两个年轻人互相吸引。2012 年 10 月，在代表星光村参加某报社举办的"江城最美社区"总决赛时，两人有了更多的交流，加深了好感，慢慢地陷入恋爱之中。

他们一起为村庄电子化办公努力，一起参与村庄绿化建设规划，一起争取资金并发动村民进行厕所改造工程，改善了居民的生活环境。贾芳能歌善舞，能编会演，在每年年末的村民晚会中，她负责指导村民编排节目，广场舞队和歌唱队每天都聚集在她所在的小区的广场上。而左壮则在一旁做后勤和联络工作。

在贾芳 24 岁生日当天，左壮与贾芳来到区民政局，领取了结婚证书。从

武汉市蔡甸区星光村新建的小区

此，贾芳留在了星光村，像把终身托付给左壮一样，将用自己的一生为星光村的村民服务。

像贾芳这样大学毕业到农村做大学生村官，最终选择留在当地发展的大学生还是比较少的，但是这些选择留下的有文化的知识青年，给广大的农村大地播撒了一些种子。他们带去了新知识、新思想、新理念，以自己的一言一行，影响着当地的村干部和村民。而这些点点滴滴的改变，将通过村民影响自己的孩子，改变下一代的发展轨迹。

二、锻炼升华者——在服务村民中历练自我

郑福源毕业于南京审计学院，本可留在南京找到一份不错工作，但是他还是参加了 2008 年江苏省第二批大学生村官的选拔，并来到江苏省仪征市路南村，做村支书助理，实现了他曾经对同学说过的“我来自农村，也想回到

农村”的愿望。

初到仪征市大仪镇路南村，郑福源发现，虽然该村的生活条件还可以，但是村民不是出去做泥瓦匠，就是在毛绒玩具厂当工人，干的都是体力活儿。他想：既然扎根农村，就要充分利用农村的优势发展经济。郑福源萌生了立足农村，发展高效农业的想法，他想带领村民走一条生产、技术、市场相结合的富裕路。

他跑遍了整个仪征市后发现，食用菌种植在这里非常少见，仪征市场上的食用菌多是从外地运输过来的。而种植食用菌的投入很少，几十万元就能做起来。于是，郑福源在路南村租用了 20 亩地，带领 40 多个村民，创办了扬州市嘉康菇业发展有限公司，开始了金针菇的工厂化种植。

经过 5 年的发展，该公司不仅培养室、生长室、包装室等一应俱全，实现了机械化、流水线生产，还成立了专门的食用菌配送中心，有固定的销售渠道。现在该公司日产金针菇 8 吨，全部当天销完，年产值达 300 万元。

之后，郑福源又向村里流转了 20 亩地，建了 18 个大棚，每个大棚种植不同的时令蔬菜。为了帮助村民掌握更多的蔬菜种植技巧，他常常请仪征市农委的专家来进行现场指导，或者到书店买来书籍、在网上下载视频供村民学习，还常常在大棚内开经验交流会。在他的带动下，很多种植户每天都看农经节目，学会了用地膜种菜。渐渐地，其他村民也纷纷向这个创业成功的大学生村官取经，要求跟着他种植大棚蔬菜。如今，路南村几乎家家户户都种上了大棚蔬菜，有辣椒、西红柿、黄瓜等。

回忆过往，做大学生村官几年，郑福源不仅实现了自己的人生价值，还带着村民一起创业。这一过程，酸甜苦辣他都尝过。但他也明白，事非经过不知难，很多事情只有自己亲身体会过，才能实实在在地成长。在困境中成长起来的郑福源，抓住每一个挑战，把它变成自己的资本，这就是他的成功之路。

大学生村官除了到农村为村民做点实事，还让正在成长期的他们自己获得了锻炼机会，也许他们大部分并未最终扎根在农村，有的后来考学了，有的出国深造了，有的进了公务员系统，有的去社会上打拼，等等。但是，他们通过与村民的接触，学到了很多校园里接触不到的知识。在未来的人生路上，他们不会忘记这一群体，从民间熏陶的基层智慧也将如种子一样，不断发芽成长。

总之，从 20 世纪 90 年代末开始，中国部分省市为了适应新农村建设的需要，应对农村优秀人才流失的困境，解决大学生就业难问题，招录大学生到乡村任职，试行大学生村官制度。中央及时总结推广各地的实践经验。从 2006 年起，中央提出：“争取用 3 到 5 年时间基本实现全国每个村、每个社区至少有 1 名高校毕业生的目标。”

2009 年，中组部印发《关于建立选聘高校毕业生到村任职工作长效机制的意见》，提出 4 年选聘 10 万名大学生“村官”的工作目标，明确建立定期选聘、配套保障、跟踪培养、正常流动等六项制度，确保“村官”制度取得实效。为了解决大学生村官的后顾之忧，2012 年，中央下发《关于进一步加强大学生村官工作的意见》，对“村官”的政策和机制作出了详尽规定，明确规划了有“村官经历”的干部任乡镇和县级部门领导的比例、国家每年面向村官考录公务员和选调生的计划比例，逐步实现选调生与村官工作并轨。至此，大学生村官制度日臻成熟。这一制度的实施，改善了基层干部队伍结构

全国大学生村官论坛

和基层政治生态。

最新数据显示，自大学生村官制度全面实施以来，全国累计选聘大学生村官45万人，目前在岗13.8万人。大学生村官政策不断完善，初步形成了“下得去、待得住、干得好、流得动”的工作局面。

第三节　驻村干部

为了发展村级经济，帮助村民提高收入水平，上级政府部门的干部主动与一些村结对帮扶，在一些村进行蹲点、任职或者帮扶，这些干部被统称为“驻村干部”。

他们在村里开展调研，进行分析，收集村民困难，主动与上级部门联系，帮助村里出点子，对村级经济发展起到了积极作用。一些“驻村干部”成为名副其实的“助村干部”，获得了群众的信任，与群众联系在一起。

驻村干部自新中国成立后，就在全国推广，乡、县、市、省、中央根据情况选派不同部门的干部到最基层的农村去进行帮扶。考虑到实际情况，县级干部是驻村干部中人数最多的。当时干部下乡，村民称作“派饭”，与农民“同吃、同住、同劳动”。他们要严于律己，朴素节俭，做到在艰苦环境中迎难而上，用艰苦朴素和求真务实的作风感染村组干部，对转变干部作风起到良好的表率作用。

随着时代的发展变化，已形成了挂职干部、包村干部、驻村扶贫工作队、扶贫第一书记等不同形式的驻村干部。尽管国家每年都选派了一批优秀干部到村里开展相关工作，可是有时候不可避免地会出现“来去匆匆，草草收工”的现象，有些驻村干部既不在单位，也不在村里，一年就这样过去了，时间一到就回原单位上班，所驻村子还是老样子。

为了克服一些驻村干部混日子的弊端，真正发挥驻村干部帮扶基层和锻炼干部队伍的作用，中国政府逐渐通过制度建设，提出要求各单位在抽调驻村干部的时候，综合考虑，坚持对口选派，把能吃苦、甘奉献，不嫌农村脏乱差，不嫌农村生活不方便，适应能力强，善于与老百姓打交道的党员干部优先派去；明确驻村干部职责，让他们在发展特色产业、易地搬迁、引导就业创业等方面有事情做，有工作干，让群众的大事小事把干部“拴”在村里；加大对驻村干部的奖惩力度。

2014年，习近平总书记在兰考与干部座谈交流时强调，乡村干部是地基中的钢筋，位子不高，但责任很大。被组织和群众寄予厚望的驻村干部，更应该认清自身责任，在基层工作尤其扶贫攻坚中发挥先锋模范作用。

一、挂职干部——小岗村沈浩同志的事迹

2009年11月6日凌晨，一个极其平常的日子，一名普通的村干部悄然离世。他就是安徽省滁州市凤阳县小岗村党委第一书记沈浩同志。

时间回到2004年2月，沈浩被安徽省委组织部、省财政厅选派到小岗村挂职，担任村党委第一书记。从省城合肥到小岗村，从省直机关到基层一线，沈浩的内心不能说没有落差。但来了就要有贡献，这是沈浩的朴素想法。

小岗村妇女主任韩巧兰对初来乍到的沈浩记忆犹新。一天中午，韩巧兰在街上看见一个身穿深棕色棉夹克的中年男人正往村民家里走。一打听，他就是新来的书记——沈浩。“他恐怕在小岗待不了两个月。之前下来的干部，有的来这‘镀镀金’，回去就提拔。”韩巧兰和村里人的想法一样，但她也纳闷，“这书记一来就下农户家，看来和以往的干部不太一样。”

“我要一家一户吃顿饭。你陪我去关友林家。”沈浩说。一听说要去关友林家，韩巧兰犯了难：“沈书记，他家老婆、孩子精神都有问题，吃的像猪食，卫生条件可差了。苍蝇哄哄叫，床上、锅台上都是，多得像头毛。我就不去了。”韩巧兰心直口快。“村里人不去他家，我更要去看看他家到底有多困难。”关友林家这顿饭，沈浩吃了。不久，村里把关家的三间平房刷了墙，打了水泥地，还给全家办了低保和特困户手续。

一个多月时间里，沈浩把全村1108户跑了两遍，摸清了小岗的家底……

“一朝越过温饱线，20年没进富裕门。”有人用这句话形容小岗村。还有人用“偏、穷、乱、散”四个字描述小岗村：地处偏远，交通不便；2003年全村人均收入只有2300元，村集体欠债几万元；村里到处是柴垛、垃圾，环

沈浩当选为小岗村党委第一书记

境差；缺乏一个团结的、有战斗力的领导核心。

沈浩要带动小岗村村民走上致富道路，首先想到的是修路。村里友谊大道东边 1000 多米泥巴路，“雨天一身泥，晴天一身灰”，大伙都巴望着能把它改成水泥路。沈浩跑上跑下争取支持，终于得到帮扶资金 50 万元。修路的日子，沈浩天天泡在工地上，和大家一起撒石子，扛水泥，拌砂浆。

静夜孤星，青灯黄卷，沈浩苦苦求索，村西头那间小屋中，“三农”问题的书堆满了书架、案头；他还带着“大包干”带头人、村干部、村民代表一起赴华西村、耿庄、大寨、西沟村、南街村等名村取经。

从书本中找思路，从实践中学范例。沈浩的想法渐渐明朗：开发现代农

全国各地开展学习小岗村党委第一书记沈浩同志先进事迹

业，发展旅游业，招商引资发展村级工业。遇到重大决策，沈浩都要和“大包干”带头人一起“拉拉呱”。过去“两委”班子不全，人心不齐，矛盾多，积怨多，问题多，掣肘了小岗的发展，如今冰封开始融化，人心开始聚拢。

在小岗村多年不变的土地上，终于出现了新的变化：新建了文化广场、社区医疗服务中心、集贸中心、居民小区，葡萄种植、养猪、农家乐等农村互助合作组织取得初步成果，村民的生活得到了改善，人心凝聚了起来。2008年，小岗村人均收入达到6500元，是安徽全省农民人均收入的一倍。凤阳县丰富的旅游资源和小岗村的红色旅游将紧密地连在一起，游客从韭山洞出来后，可以很快来到小岗村。小岗村正以崭新的社会主义新农村面貌在阔步发展。

沈浩，舍小家为大家，在小岗村的6年时间里，回合肥家中的时间不足百天。他把整个身心都放在了小岗村，用自己的实际行动解读了一名共产党人的家国情怀。

在一些农村，因为有了像沈浩这样优秀的驻村干部，村委班子重新焕发了活力，村庄重新凝聚了发展的力量，村民有了更多的获得感。

二、包村干部——村干部的得力助手，村民的信息提供者

李明是贵州省六盘水市盘县农业局农艺师，市级科技特派员。2013 年 2 月，李明被选派到乐民镇麻玉岗村做包村干部。自开展驻村工作以来，李明帮助村里找准发展路子，争取资金达 2000 万元，涉及项目 11 个，解决了 200 余人就业。2013 年，麻玉岗村人均纯收入增加了 1500 余元。他还动员村民创办企业，村里微型企业从零到 12 个；帮助村里组建农业合作社和劳务输出公司，村集体经济积累每年增加 30 余万元。因工作突出，李明被贵州省委表彰为全省优秀同步小康驻村干部。

以下是李明做包村干部某一天的工作经历。

7:00，李明一大早就起床了，去接县农广校的老师去麻玉岗村。县农广校老师来村里对 50 户马铃薯种植大户进行新型职业农民培训。这次培训是李明积极争取来的。马铃薯种植大户先要在村里接受 5 天的理论培训，然后在县内和县外实地考察 10 天。

9:00，李明一行到达村活动室，马铃薯种植大户已经在那里等着了。安排好老师的教学后，李明赶紧去安排培训伙食。

10:00，李明叫上两个村干部，看望慰问村民杨小仙，给她送去两包大米，并详细了解她的生产生活情况。了解到她家的困难后，李明拿出 2000 元慰问金。

11:00，李明来到老党员陈开元家了解情况。70 岁的陈开元老人一人独居在年久失修的危房中。李明了解到情况后，不仅帮助他争取到危房改造项目，自己还先出资 1 万余元，动员村民投工投劳帮助老人修房子。李明随后又到村民许石贵家了解其住房情况，叮嘱道："你家新房子密封性好，冬天烤火要注意安全。"许石贵是五保户，原先的住房十分破旧，李明积极争取资金 2 万元，帮助其新建了住房。

13:00，吃了午餐后，李明在村活动室核对困难群众花名册。而村干部们在会议室开会，商量写申请把李明留下来，并一一在申请书上签名。

包村干部李明在看望老人

14:00，李明组织村干部集中开会，对冬季村民取暖和抗击雪凝灾害等有关工作进行安排。李明强调：“村里五保户、低保户、残疾人家庭和其他困难群众等弱势群体在救济救助、民用煤发放等方面要优先考虑，让他们温暖过冬。我负责及时联系民政部门提供棉被、棉衣等过冬物品，去残联申请轮椅和助听器，村干部一定要进行走访摸排、登记造册，对需监管的人员及时落实监管责任，确保其日常生活有人管、防寒取暖无忧愁。”

15:00，李明带领村干部到茶叶基地了解茶苗生长情况。李明一一讲解铺草、熏烟、盖膜、喷防寒剂等防冻技术。他们随后到机耕道建设现场，对要占用的土地进行测量，并到村民家中动员大家积极支持项目建设。

18:30，李明回到村活动室。

李明一天的工作经历是千万个如他一样认真负责的包村干部的缩影。包村干部多是本地的干部，他们的语言、习惯等和当地农民一样。他们只要想与村民打成一片，就能很快打成一片。除了忙自己的本职工作外，他们还会经常下村，负责传达上级政府的文件精神，协助村干部做好上级所要求的工作，同时帮助所包的村解决力所能及的问题，积极争取有利于村庄发展的资金和资源。

三、扶贫第一书记——打赢脱贫攻坚战的一线支援者

“脚踏大地，抓铁留痕。”这是马晨旭2015年年初下到贵州省凯里市大风洞乡杉树林村担任第一书记时的工作誓言。但一句“你还是个娃娃，办不了什么事”的话，让他尝到了不被信任的滋味。

确实，他太年轻了，只有20多岁，在村民们心中尚属于刚冒“胡子”的年龄，尽管他是北京大学的硕士。马晨旭毕业时有很多选择，但他这个山东小伙最终选择了贵州乡村。

第一书记怎么当？上任前，关心他的长辈告诉他，要脚踏实地干实事，在发展集体经济、建设基层党组织、促进农民增收等方面做点模样出来，让群众相信他的脑瓜子“灵光”“好使”。

杉树林村有个孩子父亲去世了，母亲改嫁了，跟着伯父生活，几个孩子挤在一起，生活十分贫苦。马晨旭了解到这一情况后，给这家买来4头猪仔，还争取政府支持，免除了孩子们的学习费用。他还常常带着营养品去看望孩子们，跟孩子们聊天、玩耍。孩子们觉得这个小马叔叔很贴心，像亲人一样。

了解村民疾苦，关爱留守儿童，马晨旭先后争取10余万元，解决村民的实际困难。“小马书记，我不会写字，能不能帮我填个表？”渐渐地，村民遇到难事，都愿意找马晨旭帮忙。通过一件件小事实事，马晨旭逐步赢得了村民们的信任。

“守住发展和生态两条底线。”工作中，马晨旭牢牢记住这一理念。他发现，村里许多青壮年劳动力外出务工，土地没人打理。他帮助村民利用这些荒废的土地发展现代山地高效农业，扩大葡萄和核桃的种植面积。他发动驻村干部跑补助，共获得13万元苗木补助。村民们知道，小马书记如此卖力地发展经果林，目的就是让他们能多一些收入，同时还保持了水土。

村里的留守儿童受到外界的关怀

由于交通、销售手段等原因，杉树林村的葡萄连续4年卖不出去。为了啃下这块"硬骨头"，马晨旭发动合作社、村支"两委"、驻村干部对全村的种植户进行摸底调查，制作种植台账，适时掌握葡萄生产情况，又先后到三都、平坝、息烽、镇远等地引进商家。他还多次到交通不便的水牛坡组、青山组了解销售进展，组织疏通销售渠道。看到品相不好的葡萄卖不出去，他又联系多家酒厂前来收购。2015年，杉树林村葡萄热卖，最高亩产值从6000元增加到1.3万元，果农收入普遍翻番，部分贫困户直接脱贫。

"小马，能不能教我用用'一亩田'电子商务平台？"一个种植大户找到马晨旭。看到农民主动通过电商经营农产品，马晨旭很受启发，马上动员合作社主要成员联合行动。他帮助合作社注册产品商标，跑工厂设计包装，联系当地广播电视台制作宣传片，帮助合作社策划促销活动，联系多家电商平台为企业设计店铺和产品展示页面，发动村民想办法解决物流仓储问题。全心全意的努力，换来一笔笔网上订单，村民们开心极了。看到电子商务带来的巨大收益，村民们主动参加电商培训，不仅在网上卖葡萄，还卖起了蘑菇。

杉树林村的葡萄园

第一书记不是一个人在“战斗”。各级推动派出单位与第一书记进行项目、资金、责任“三个捆绑”，使其成为部门结对、单位联村的纽带，把派出单位的职能优势、资源优势化为“后援”。

“脱贫攻坚已经到了啃硬骨头、攻坚拔寨的冲刺阶段。”2015 年 11 月召开的中央扶贫开发工作会议上，习近平总书记强调，要根据贫困村的实际需求精准选配第一书记，真正把基层党组织建设成为带领群众脱贫致富的坚强战斗堡垒。抓党建促脱贫攻坚，离不开第一书记这支先锋队。2015 年 4 月，中组部、中农办、国务院扶贫办联合发布《关于做好选派机关优秀干部到村任第一书记工作的通知》，从全国层面部署推动选派第一书记工作。2017 年 4 月，中组部召开基层党建工作重点任务推进会，强调要进一步把第一书记这支队伍选派好、管理好、使用好。一大批优秀干部积极响应中央号召，怀着激情，带着责任，奔赴脱贫攻坚战场。

天津、江苏、上海、湖北、云南、宁夏等地，组织专门力量排查基层需求情况和干部队伍情况，“菜单式”遴选“对路”干部。放眼全国，党政部门干部派驻软弱村、经济部门干部派驻穷村、政法部门干部派驻乱村、涉农科技部门干部派驻产业村的“一把钥匙开一把锁”模式广为采用。

党的十八大以来，中央把选派机关优秀干部到村任第一书记作为全面从严治党向下延伸的重要抓手，目前全国共有19.5万名第一书记奋战在脱贫攻坚一线，他们用激情与赤诚践行驻村诺言，用拼搏与奉献推动脱贫攻坚，让一个个派驻村旧貌换新颜，赢得了群众的信任、社会的认可。

新型农民篇

做新时代农民的担当者

导 读

2007年中央一号文件首次指出：“建设现代农业，最终要靠有文化、懂技术、会经营的新型农民。”新型农民指有文化、懂技术、会经营、高素质的农民。而传统的农民与自然经济相契合，日出而作、日落而息，生产的产品主要用于自己消费。

概括起来说，新型农民应该具备三个素质：具有较好的社会素质，自立自强；具有较高的技能素质，熟练掌握一项或多项生产技能和技巧；具有一定的经营和管理能力，能充分利用人、财、物和土地等资源进行生产，并获得较高的经济收益。

几千年来，农民相对封闭自守，安于现状，造成了这个群体对农业生产方式创新与变革的谨慎与抵触。而新型农民，绝不安贫乐道，而掌握了党和国家对“三农”及其相关工作的方针政策、法律法规，有发财致富的理想，有追求自由幸福生活的思想觉悟，有更高的利益诉求，既不迷信，也不盲从。同样，他们也不满足于机械重复的单调生活，有较高的思想政治素质，敢作敢为。他们敢于创造和追求新的生活，具有鲜明的创业精神、创业意识，拥有新的就业观念，富有事业心，哪怕弃土离乡，也义无反顾。特别是进入新世纪以来，随着农村年轻化、知识化农民的增多，农民群体发生很大变化，出现了很多以创业农民、创新农民为代表的新型农民。

中共十九大再次强调统筹城乡发展，推进社会主义新农村建设，打赢脱贫攻坚战，并提出乡村振兴战略。广大农民是建设新农村的主体，他们的素质高低，直接关系到新农村建设的成败。因此，国家将继续增加对广大农村地区基础设施投资的硬件性建设，以及对农村的教育、文化、保障等软件性建设。这为新型农民群体的崛起创造了更多的机会。

第一节　职业农民

随着现代农业加快发展和农民教育培训工作有效开展，一大批新型职业农民快速成长，一批高素质的青年农民正在成为专业大户、家庭农场主、农民合作社领办人和农业企业骨干，一批农民工、中高等院校毕业生、退役士兵、科技人员等返乡下乡人员加入到新型职业农民队伍，工商资本进入农业领域，“互联网+”现代农业等新业态催生出一批新农民，新型职业农民正逐步成为适度规模经营的主体，为现代农业发展注入新鲜血液。截至2015年年底，全国新型职业农民达到1272万人，比2010年增长55%，农民职业化进程不断提速。

新型职业农民是指具有科学文化素质、掌握现代农业生产技能、具备一定经营管理能力，以农业生产、经营或服务作为主要职业，以农业收入作为主要生活来源的居住在农村或集镇的农业从业人员。它属于新型农民中的一种，是一个新的范畴，一个以通过市场配置资源，以需求指导农业生产，又以新产品引导市场，并以商业活动为舞台的新生产者。

新型职业农民具体来说可分为生产经营型、专业技能型和社会服务型三种类型：

“生产经营型”新型职业农民，是指以家庭生产经营为基本单元，充分依靠农村社会化服务，开展规模化、集约化、专业化和组织化生产的新型生产经营主体。主要包括专业大户、家庭农场主、专业合作社带头人等。

“专业技能型”新型职业农民，是指在农业企业、专业合作社、家庭农场、专业大户等新型生产经营主体中，专业从事某一方面生产经营活动的骨干农业劳动力。主要包括农业工人、农业雇员等。

“社会服务型”新型职业农民，是指在经营性服务组织中或个体从事农业产前、产中、产后服务的农业社会化服务人员，主要包括跨区作业农机手、专业化防治植保员、村级动物防疫员、沼气工、农村经纪人、农村信息员及全科农技员等。

“生产经营型”新型职业农民是全能型、典型的职业农民，是现代农业中的“白领”，“专业技能型”和“社会服务型”新型职业农民是现代农业中的“蓝领”，他们是“生产经营型”新型职业农民的主要依靠力量，是现代农业不可或缺的骨干农民。

正如中国人民大学国家发展与战略研究院研究员冯仕政所说，“职业农民”概念的提出，意味着“农民”是一种自由选择的职业，而不再是一种被赋予的身份。从经济角度来说，它有利于劳动力资源在更大范围内的优化配置，有利于农业、农村的可持续发展和城乡融合发展，尤其是在当前人口红利萎缩、劳动力资源供给持续下降的情况下，更是意义重大；从政治和社会角度来说，它更加尊重人的个性和选择，更能激发群众的积极性和创造性，更符合“创新、协调、绿色、开放、共享”的发展理念。

目前，新型职业农民在农业从业人员中占比并不高，但这是现代农业发展的方向，是解决“谁来种地”“如何种好地”的重要手段。2017 年 1 月 29 日，农业部出台《“十三五”全国新型职业农民培育发展规划》。该规划提

近年，全国各地掀起新型职业农民培训热潮

出，以提高农民、扶持农民、富裕农民为方向，以吸引年轻人务农、培养职业农民为重点，通过培训提高一批、吸引发展一批、培育储备一批，加快构建一支有文化、懂技术、善经营、会管理的新型职业农民队伍。习近平总书记在参加2017年“两会”四川代表团审议时指出，要就地培养更多爱农业、懂技术、善经营的新型职业农民。

一、“生产经营型”职业农民——做新农场主，走致富路

“今天的果子才是极品，有需要的朋友，我们可以送货上门哦！”邱敏在自己种植的桑树中，将刚成熟的桑葚照片发到朋友圈，准备迎接顾客新一轮的“哄抢”。

邱敏所在的江西省宜春市铜鼓县森林覆盖率达87.4%，土地肥沃，民风淳朴。与很多中部地区的乡村一样，铜鼓县的很多青壮年劳动力都在外打工。但近年来，越来越多的大学生毕业后回到这个山清水秀的地方，和邱敏一样做起了新型职业农民。他们用智慧的头脑和勤奋的双手，在田间地头开辟出一片天地，谱写了一曲现代农业之歌。

1985年出生的邱敏活泼健谈，最喜欢的职业是导游和农场主。上中学时，她就在同学纪念册的“梦想”一栏中写道：“做一个新型农场主。”

2006年大学毕业之后，邱敏追随在部队的男友一起到了福建，成了一名导游。2009年，她与男友一起回到铜鼓县结婚、生子，并在县里的银行做大堂经理。2013年，在全家人的支持下，她最终辞掉了这份稳定的工作，姐妹几个一起凑钱，并贷款80余万元，盘下家乡黄溪村的上百亩土地，去圆一直以来的“庄园梦”。

种点啥？她走遍了周边省市的农场，不停地观察学习，还向浙江农学院的专家请教，最终形成了“南果北移”的思路。火龙果、番石榴、柠檬、桑葚、黄秋葵、太空莲……她仔细地规划着每一块土地，让这些作物在脚下的土地上落地生根。

从此，她开始了未曾有过的体验。她白天拿着记录本在田间仔细观察和记录，指导工人锄草、施肥，晚上学习管理技术，有时候还要摸黑去抓夜蛾。如果听见外面风刮大了，她就一遍又一遍地去大棚检查。夏天还未真正到来，原

邱敏农场里的红心火龙果长势良好

本肤白肉细的她已经晒黑了很多。网络为农业提供了很大的便利，碰上不明白的问题，她就上农业科学网站寻求解决方法，实在不行，就直接在地里视频连线专家。

2015 年 5 月 23 日，池塘里开了第一朵荷花。2017 年 4 月 26 日，树上发现了第一颗熟透的桑葚。她对园子里这些“第一次”如数家珍。每一个“第一次”，对她来说都是莫大的鼓励。通过精心栽培、浇灌、施肥，邱敏的农场已有一定规模，一批又一批桑葚挂在枝上由红而紫，70 余亩的火龙果更是长势喜人。

如今，越来越多的邱敏这样的年轻人回乡创业，开办家庭农场，将农业生产当作人生职业。他们依靠新技术、新品种、新营销思路，走规模化、集约化、专业化的道路，大大提高了农业的附加值，实现了收入增收和农业发展两不误。

二、“专业技能型”职业农民——农业工人

江西省安义县的农村青壮年人口大多在外做铝合金生意，在家种田的只占 20%，大量耕地抛荒。中央鼓励农村土地流转后，大量抛荒的耕地流转到种田大户手里。江西省绿能农业发展有限公司就是种田大户凌继河创办的。

凌继河以前也和其他村民一样，在南昌做铝合金生意，家里只有 7.3 亩地。他从 2009 年开始大面积流转土地，累计流转耕地 18000 多亩，固定资产投入了 2700 多万元。

他的公司就建在田间的大马路边，紧挨着公司的还有一个大厂区，安装着日处理能力 240 多吨的风干机。旁边，凌继河还刚刚建好了一个等待投产的年产 10 万吨的大米加工厂。

土地太多，凌继河一个人种不过来，就请周边的农民帮他耕种。凌继河把他们分成 15 个生产队，采用“企业 + 大队 + 小组”的组织模式。小组就是家庭农场。一个大队有 4 对夫妻，合计管理 1000 亩地。目前，公司有 146 名一线员工（即农业产业工人），11 名行政人员。

连续 5 年荣获公司“个人种粮状元”称号的刘高美说，到绿能农业发展有限公司之前，他一直在外打工，一年下来也就挣个三四万元。2010 年，凌继河找他去绿能种田时，刘高美觉得种田挣不到钱。凌继河当场承诺，不管丰歉如何，地、种子、化肥等都由公司出，每月还给他们夫妇 5000 元的工资。在凌继河的真诚邀请下，刘高美跟着凌继河一起干，自此走上了致富大道。2011 年至 2015 年，除基本工资外，刘高美夫妇每年还分别获得了 13.6 万、16.3 万、17.6 万、35.9 万和 23 万元年终超产奖。如今，农忙时，刘高美开着小车去种田；农闲时，就一家人去各地旅游，完全颠覆了“面朝黄土背朝天、一脚泥巴一身土”的农民形象。

刘高美这样的农民正是中国农业推行适度规模的集约化发展所催生的专业农业工人。他们从农民变成按时上下班，每月拿工资的务农工人。近年来随着土地流转的放开，广大的中国农村地区涌现出一批种植大户。成百上千亩土地集中经营，仅靠自家劳动力显然远远不够。农业专业户雇用通过劳动获取工资收入的农业工人来干农活的模式也就自然而然地形成了。

秧苗正处于生长期

三、“社会服务型”职业农民——农机手

1983年出生的万夏军是村里有名的农机手。2002年，他花了20多万元买了一台“久保田”牌收割机。在当时，这可是村里的一件大事，他也成为江苏省丹阳市云阳街道最早的一批农机手。

每次收割前后，万夏军都会好好保养机器。用了十几年，这台“久保田”的品相依然不错。按万夏军的话说：“如果每天开机10小时的话，可以保证工作200多个小时不出问题。”

收割的日子，万夏军起床后第一件事就是把收割机里里外外检查个遍，再上好机油。万夏军家种了400亩地，是当地的种粮大户。更重要的是，他一直是当地机械化作业的样板，他自己投资购买了联合收割机、插秧机等农机。也就是说，从插秧、打田再到收割，全部实现了机械化。

本村的人如果需要用机械，就直接联系他；外村要用的话，都有一个中间人代为联络。万夏军驾着收割机轰隆隆来回，看着一茬茬的水稻被齐刷刷割下来，他喜得合不拢嘴。“有了收割机，收稻就是省劲。”整个上午，人机不歇，能割 20 多亩水稻。

农机收割稻谷的价格是 60~65 元，还要分种粮大户和普通农户，种粮大户一般是 60 元左右每亩，普通农户可能提高到 70~80 元每亩。这样算下来，农机手在收割现场忙一天，挣个几千元不成问题。

在外人看来，驾驶着收割机收稻是一件蛮风光的事，其实，远不是那么一回事。平常收割的时候温度在 37℃ ~38℃，高的时候甚至达到 40℃，一天“熏蒸”下来，体力不好的人根本扛不住。还有噪声，机器只要一发动，整个收割机都在颠簸，虽然近在咫尺，却根本听不到别人说话的声音。收割机工作时，稻秆碎屑夹杂着尘土扑进驾驶室，粘在身上，刺得人浑身难受。这就是收割机手必须面对的环境。

截至 2016 年，全国有 5400 多万名农机手，他们是中国农业现代化不可忽视的生力军。农机手经常跨区作业，一去就是十天半个月。另外，在收割季根本无法保证农机手的休息时间，农机手连续三天三夜不休息是“常事”。他们的辛苦程度远远超出人们的想象。

农机手需要辗转多地进行收割作业

建设推广现代化农业是中国长期施行的政策方向，农业设施的完善就意味着农民肩上重担的减轻。统计数据显示，2016年中国农业机械化率已超过65%，现代化农业范围将再扩大。农业的出路在现代化，农业现代化的关键在科技进步。2016年，农业机械化率、灌溉水利用率、农产品加工率、农业信息化水平全面提升，现代科技正在加速引入农业。

第二节　创业农民

政策春风已来，农民工创业已经成为大势所趋。在农村创业可以享受到越来越多的政策优惠。农民工在家庭电器、农村电商、农民合作社业态里已经大显身手。

创业农民群体大量出现，与中国社会发展的大背景密切相关，随着中国经济进入新常态，部分城市的发展机会面临饱和状态，同时自2006年国家开始大力进行社会主义新农村建设，投入大量资金进行基础设施建设，通路、通水、通电、通信、通天然气、通互联网等。另外，国家为推进农业现代化发展，促进农村建设，推动农村土地产权制度改革，通过土地确权，推动土地流转。因此，广大农村地区开始成为中小企业创业的理想园地，大量有创业想法的人选择将创业地放在条件适合的农村，大量农民工选择回乡创业。

中国的大趋势终归是要实现城镇化，但是这个过程很长，而且有曲折，每年千百万农民向城市转移，这不是一个线性增长的过程，城市吸纳新农民工就业的增长速度也开始放缓。因此，在农村创造新产业、新业态，让农民有更多的就地转向非农产业的机会，意义重大。

在2017年“两会”上，全国政协委员、经济委员会副主任陈锡文提出，有两点对当前做好农村工作具有重要的指导意义：一是鼓励农民工返乡创业，推动一二三产业融合发展，让农村成为一个新的“双创”空间；二是发展多种形式的规模化经营。农民工外出就业，增长了见识，学会了技能，有的还学会了经营，在推进农村一二三产业融合发展的时候，这类群体回乡创业是非常有优势的。

以农民工为主体的农村创业者主要有以下三类人群：

第一种是在村人。他们有的在发展中遇到机遇，和外来者一起合作创业，也有的在村里事业有成，但面对市场的新变化、新需求，产业有待转型，想寻求新机遇，进行二次创业。

第二种是在外打工经商者。他们在外面的世界闯荡多年，有技术，有经验，也有一定的资金积累。但他们想返乡找适合自己的新空间、新项目进行投资，为助推家乡“绿富美”发展做出新贡献。他们已确定新的奋斗目标，思路也相对清晰。

第三种是外来者，主要是城里人。随着城市发展机会的饱和，农村基础设施建设的完善，农业现代化的推进，越来越多的城里人看准了农村的发展机遇。

农村创业群体主要有以下特征：从年龄看，创业成功者的年龄都在35~50岁；从文化程度看，成功者都有高中以上文化程度，且多数有大学文凭；从性格气质看，成功者有勇气，能吃苦，善管理，重诚信，而且大胆创新。

总之，农村创业天地宽。随着社会主义新农村建设的深入推进，中国农村巨大的市场潜力不断被挖掘出来。在市场化的今天，农业创业带头人是推进农村经济发展的杰出人才，是农民增收致富的领头雁。他们是农村改革的必然结果，也是现代农业和农村经济发展中的一支“不可替代的生力军”。

一、本土创业者——机会总是青睐有准备者

琐园村位于浙江省金华市东郊澧浦镇北1千米处，为严子陵后裔聚居地之一，村里人大部分都姓严。琐园村有大量明清古建筑，极具江南古民居特色。这里保存完好的明清建筑成了打造旅游业的“卖点”。

琐园村开发成景区后，为了配合景区的发展，也给村民增加收入，政府挑选了一些有手艺有特色的农户，指导他们在家创业。

严跃进是琐园村土生土长的农民。他10多年前当过兵，在部队里负责做豆腐，虽然退伍后一直在奶牛场工作，但这个手艺一直没丢。后来，他自告奋勇报名参加政府组织的创业活动，开了个豆腐坊。

历史悠久的琐园村

老严认为自己是共产党员，希望能给大家开个头。他要做最土最土的豆腐，保留豆子的原本味道。说起自己的豆腐，老严有些自豪，他家做豆腐采用最传统的方法，是手工磨出来，柴火烧出来的。一般市面上卖的都是石膏豆腐，他们做的是盐卤豆腐，产量比石膏豆腐低，但口感好得多。

每到周末或是节假日，他的老宅里就挤满了游客，他因此好几次上了电视和报纸，名气大了，腰包也比以前鼓了。

2017 年春节，老严颇有些得意，他家的百年老宅“亨会堂”里住进了几位外国留学生。一口大锅里，豆浆已经在翻滚沸腾，石磨在人力的推碾下，汩汩地冒出奶白色浆液，老屋子的天井里溢满了豆香。磨豆子、煮豆浆、滤豆渣、点豆腐……这些做豆腐的老套路，在外国留学生看来都是那么有趣。

有句古话说：“腊月廿五，推磨做豆腐。”因当地方言中豆腐与“头富”谐音，听起来很吉利，所以元旦小长假游客来得特别多，老严家里七口人一起上阵，还忙不过来。尽管游客很多，但是老严依然坚持他家的豆浆、豆腐都是当天做当天销，销不完第二天也不会再拿出来卖，所以每次都控制数量。

“很土很土”的盐卤豆腐

由于老严做豆腐足够“土”，他的豆腐坊成了不少游客来这里旅游必选的观光项目之一，游客自己体会一下磨豆子，再喝一碗鲜豆浆，临走时再买点豆腐。不到两年，老严粗粗一算，已接待了来自全国各地的游客上万人次。

随着社会主义新农村建设的推进，一些地方的农村在发展过程中涌现出许多新的增收机会，比如伴随着城市新工业园区的建设，大量打工人员对农产品的需求增加，郊区的种植业和运输业获得了更多的发展机会。在开发了旅游业的村庄，农家乐和民宿获得了更多的发展机会，在村的村民由于对信息和资源掌握的优先性，往往可以先获得村庄及周边地区发展的红利。

二、回乡创业者——在家乡开创一片新天地

1988 年出生的陕西省农家娃龙奎大学毕业后，先后在西安、天津的商贸公司上班，月薪都在 4000 元以上。然而，故土难离，在外漂泊的日子更坚定

了龙奎回乡做“新农人”的决心。2014年5月，龙奎带着在外掘到的第一桶金回到家乡，又申请了10万元大学生创业贷款，通过镇政府流转林地500亩，建起了猪舍，引进首批土猪500头，开办了林下生态养猪场。他当上了“猪司令”，并注册了公司。

为了提高养殖技术，他一边通过书籍、网络加强学习，一边向养殖大户、农技专家请教。在苦心经营养猪场的日子里，龙奎集老板、技术员、工人于一身，既要给猪喂食，又要寻找销路，还要请工人师傅维护养殖场设施。龙奎整天围着猪仔转，忙得不亦乐乎。

随着土猪的一批批出栏，成品猪销往陕西、四川等省。龙奎还与一些收购商建立了长期合作关系。2016年，四川一位客商看好放养的土猪肉质纯正、味道好，将龙奎当时存栏的500头土猪全部订购了。于是，龙奎决定扩大生产规模，追加投资，扩大猪舍面积，完善饲料仓库、消毒通道、围栏、大门等设施。

作为一名大学生，返乡创业一直是龙奎的梦想。他相信做农业是有前途的，他要给乡亲们做个表率。他计划3年内成立专业合作社，形成自己的品

林间饲养的猪健康有活力

牌，延长产业链，带动农村广大青年一起创业，带领乡亲们和周边农户共同致富，让土猪走向各大超市、餐馆酒店，走出陕西，走向全国。

每个人都希望自己的生命绚丽多彩，而多彩的生命是用奋斗和拼搏织成的。在“大众创业，万众创新”的当下，农民返乡创业成为创业大潮中一道亮丽的风景。他们有外出闯荡的经验，如今又回到熟悉的土地上，为农业发展、农民致富带来新的动能。无论是创新种植养殖方式、发展现代农业，还是加速三产融合，他们在现代农业发展的路上你追我赶，谱写着壮丽的人生篇章。

为了支持农民工、大学生、白领等返乡创业，国家相继出台了各种返乡创业的支持政策，比如《关于支持农民工等人员返乡创业的意见》《关于大力推进大众创业万众创新若干政策措施的意见》等。

地方政府也对符合条件的企业和人员给予社保补贴，并加大对小微企业的扶持力度。河南省财政厅会同省人社厅制定《财政支持农民工返乡创业20条政策措施》，多措并举，创新就业资金支持方式，支持返乡创业平台建设。资金补贴方面，对参加创业培训的返乡农民工给予200~1500元的创业培训补贴，对符合相关要求的返乡农民工初始创业者给予5000元的创业补贴，对农民工返乡创办的实体在创业孵化基地内发生的物管费、卫生费、房租费、水电费等，3年内给予不超过当月实际费用50%的补贴，年补贴最高限额1万元。对返乡农民工创业省级优秀示范项目奖补2万~15万元。此外，支持落实普惠金融政策，统筹整合就业补助等专项资金，吸引社会资本参与，设立农民工返乡创业投资基金，力争在2018年达到100亿元规模。对符合条件的返乡创业农民工，给予最高不超过10万~50万元的创业担保贷款。

三、下乡创业者——处处留心皆机会

刘远红在重庆市石桥铺某品牌电脑公司工作长达7年，一直从事该品牌电脑的营销工作，月薪超过5000元，加上各种奖金，年收入超过10万元。2010年，厌倦了城市的繁华喧嚣的刘远红决定回到乡间去办小微企业。

阴差阳错，他有一次到重庆市綦江区东溪古镇福林村旅游，发现一个名叫“枫林湾”的山坳，水质纯净，是一片尚未开发的处女地。刘远红和福林村就此结缘了，他决定在这个山清水秀的枫林湾办养殖场。他不顾家人反对，租下了枫林湾的20亩荒地，申报为微型企业，拿到了3万多元的补贴，加上自己的积蓄，他决心大干一场。

听说城里人想到村后的荒山上养土鸡，村里人都当笑话听。没想到，短短一个多月，山坡上就建起了4个鸡舍。土鸡就是越土才越有味。鸡场选择的三黄土鸡是黑肉鸡，以青草、虫子为主食，天然无公害。

为了保证刚起步的小型养鸡场的资金回笼，刘远红借鉴品牌电脑设立专卖店的营销模式，在石桥铺、沙坪坝、观音桥、大渡口、江北小区的农贸市场建起直营网点。他每天向农贸市场联系人供应20只土鸡，5个网点共100只土鸡。

由于供给每个直营点的土鸡数量不多，刘远红往往在第二天就收回了货款。第一批土鸡销售实现了开门红，5000只土鸡净利润超过10万元。

看着这位从城里来的小伙子养鸡养得风风火火，村民们都由衷地竖起了

荒山上的土鸡

大拇指。不少村民都来鸡场“取经”。来的人多了，刘远红又萌生出一个想法：带领村民一起养鸡闯市场。

经过分析，带领村民养鸡，是个分散资金投入、降低养殖风险的一举两得的方法。他决定挑选养鸡经验丰富、拥有养殖场地的村民加入到土鸡养殖事业中来。目前，已经有 40 家农户与刘远红签订了养殖合同，通过养殖培训之后，农户可免费领取 100 只鸡苗回家养殖。

刘远红算了一笔账，一个农户 100 只鸡，一年可以喂 3 批，一只鸡的养殖成本为 21 元，销售给鸡场的价格为 50 元左右，一只鸡可盈利 20 元以上，100 只鸡就有 2000 多元的收入，3 批鸡苗收入 6000 多元不成问题。

如今，越来越多的高校毕业生、企业主、农业科技人员、留学归国人员等各类人才下乡寻找创业创新机会，他们将现代科技、生产方式和经营理念引入农村，特别是集中在以特色农业、休闲农业、乡村旅游和农村电商为代表的农村新产业新业态领域。

地方政府在鼓励各类人才下乡创业创新方面，分别给予了市场准入、财政税收、金融服务、用地用电、创业培训、社会保障等方面的优惠政策，鼓励各地建立创业园、创业孵化基地、创客服务平台，开设开放式服务窗口，提供一站式服务等。

四、大学生创业——将知识和技术带回农村

2005 年，正在安徽科技学院上大三的苗娟、周盘龙、王中华和同学们在一次学校组织的蘑菇大棚实习中，亲眼目睹从稻草和牛粪中长出来的白花花的双孢菇，收获的惊喜激起了他们的创业热情。学校了解到他们的创业计划后，全力支持，同意他们保留学籍一年，委派中国菌物学会会员、学院食用菌研究所所长何华奇博士担任三人的指导老师，并把创业与研究相结合，组织他们申报了校大学生创新基金。学校还对他们创业期间的请假和补课做出专门安排，以保证他们能兼顾创业和学业。

于是，2006 年年初，三人来到安徽省凤阳县小岗村。凤阳县委、县政府获知情况后，向每人提供了 6500 元资助。小岗村的优惠政策更是令人振奋：不仅免除了第一年建大棚的土地租金，每人还可获得 4.5 万元的无息贷款。

大学生在小岗村创业

但是，他们要享受到这项优惠政策，必须是小岗村村民，这就意味着他们的户口得迁回农村。农村的孩子好不容易考取大学成为“城里人”，现在又变回农民，家长们反对是意料之中的事。然而苗娟信念坚定，最终说服了父母。

当正式开始做时，他们发现创业并不是想象的那样，有钱就能办成事。当时培育蘑菇需要牛粪作为原料，可很多厂家觉得他们只是学生，凭着一时的热情在干事，不相信他们，根本不做他们的买卖。买不到原料，苗娟只好带领大伙儿，自己到处找牛粪，再一车一车往回拉。

到了夏天，牛粪、稻草在一起发酵了，味道难闻极了；蚊子、苍蝇扑面而来，赶都赶不走。还有一次，天正下雨，苗娟一个人提着水泵在村里走，不小心被路上的铁丝刺穿了脚掌，鲜血直流。

看到苗娟的付出，乡亲们的偏见少了。有位老奶奶心疼苗娟种蘑菇太辛苦，拉着她的手说：“这娃可遭罪了。”就这样，苗娟他们三个大学生坚持到了收获的季节。第一年，他们赚了两万块钱。乡亲们看到白花花的蘑菇变成了钞票，也燃起了种蘑菇的热情。村民们建起了 26 个双孢菇大棚。

由于实力有限，他们最初主要将蘑菇卖给加工企业，得到的回报较低。等村里的蘑菇种植达到一定规模后，他们就引进了深加工项目，把双孢菇的高附加值留在村里。

2008年，蘑菇大棚加入到村办企业，苗娟则正式被任命为凤阳县团委副书记兼小岗村党委副书记，成了名副其实的“村官”。她将创业的热情投入到更伟大的事业中，带动小岗村村民走向共同富裕的道路。

这几年，在校大学生去农村创业已经不再像苗娟那时候那样新奇了，越来越多的大学生利用自己的专长去农村寻找新商机，并且他们的行为也逐渐被社会接受和理解。创业成功的年轻大学生也在不断增多，令城里的年轻人也有所羡慕。

总之，农村是一个广阔的天地，大有可为。2017年9月22日，农业部部长韩长赋在金融服务农业现代化高峰论坛上表示，规模种养业加快发展，农产品加工流通业、电子商务、乡村旅游和休闲农业等新产业、新业态在蓬勃兴起，农村“双创”势头强劲，现在返乡下乡创业的人数已有700多万人。

为进一步细化和完善扶持政策措施，鼓励和支持返乡下乡人员创业创新，中央和地方政府不断完善对农村创业人员的政策支持力度。《国务院办公厅关于支持返乡下乡人员创业创新促进农村一二三产业融合发展的意见》指出，推动农村一二三产业融合发展，是供给侧结构性改革的体现。对农民工、中高等院校毕业生、退役士兵、科技人员等返乡下乡人员到农村开展创业创新给予政策支持，对推进农业增效、农民增收和农村繁荣意义重大。

第三节　“休闲养老”农民

随着老龄化社会的到来，“去哪儿养老”成了社会热门话题。广阔的宁静的农村成了许多人安度晚年的理想去处。在农村养老，生活成本低，空气清新，吃的是农家菜，喝的是干净的自来水。

当下，去农村养老主要有三个群体：

（一）第一代农民工返乡潮已悄悄发生，许多人选择回到农村老家养老，而不是在家乡的县城或小镇买房养老。

（二）从农村出来的城市退休人员，渴望“回归乡里”，找回往日的生活情趣。花不多的钱改造家乡砖木结构的老房子，改进卫生状况，不但比城里的水泥楼房住得舒适，还能通过劳动锻炼身体。

（三）城市有大量家庭及老人渴望有宽敞、恬静的绿色养生养老场所，因为城市住房拥挤、交通喧闹、环境污染，不宜休闲养生。

特别是对于城里人，随着农村劳动力向城市转移，农村闲置房屋数量逐年增加，比如北京的怀柔区农村房屋闲置率达14%，有的村镇为2成至3成，同时城郊农村又有一批人需要寻找工作机会。因此，市民休闲养老市场与农民闲置宅院资源的对接有了可能。

现在城市的养老压力大，而农村空气纯净，食材新鲜，且生活成本也低，乡下的民居就成为不少市区老人选择的养老去处。他们的做法是，老人与农户签订协议，可以夏天来避暑，或冬天来过冬。也就是说像候鸟一样，每年到了一定的时间，老人们就来乡下住一段时间。比如，上海崇明岛的农民朋友将房屋进行改造，装饰成符合城市人居住习惯的居室，然后按照不同档次进行出租，吸引城里来的“白发一族”。

一、第一代农民工返乡者——老家是最终的归宿

天蒙蒙亮，在海南省海口市坡巷村的一间民房里，躺在床上的刘恩科看了看手机上的时间，掀开被子从床上爬了起来。洗脸刷牙后，他钻进狭窄的厨房，将头一天做好的馒头放进锅里加热。10多分钟后，刘恩科就着腌制的咸菜，吃起了早饭。

刘恩科的老家在河南省南阳市镇平县大榆树村。30多年前，他和老乡一起外出打工，一直干着泥工的工作。早年，他曾在北京、福建、浙江打过工。2010年，他来到海南，在三亚待了半年，后来一直在海口打工。

他现在都是跟着包工头干，包工头有活就会找他，他不用自己出去找。跟着包工头，活比较多，收入也有保证，但从2016年开始，情况有些不同了，大部分时间没活干。没活干就意味着没有收入，只出不进的状况让刘恩科很是担忧，他只能想办法“节流”。一个月房租480元，加上水电费，怎么也要

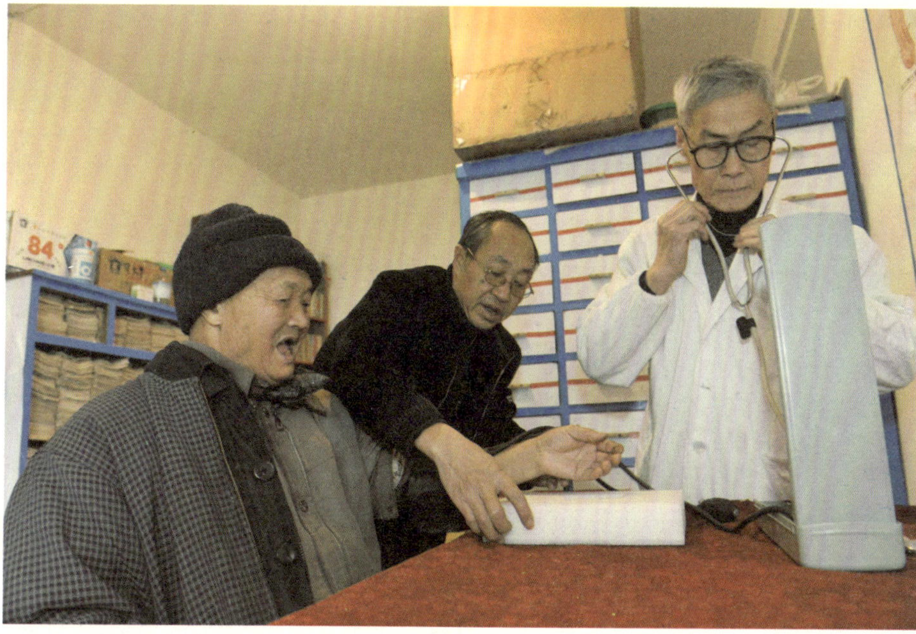

医务室给返乡农民工免费体检，帮助他们安度晚年

600 元左右，他和表哥一家平摊，也要两三百元。对于刘恩科，现在最大的开销就是抽烟了，买的一般都是两三块钱一包的烟，一天抽不到一包。

令他印象最深的是前些年的一个工程，在一个商品房小区干了半年，就挣了两三万，但这两年不行了，每年只能挣到两三万。挣的钱，刘恩科大多数都寄回了家。他有一个儿子，儿子已经成家，在县城买了房子，两个孙子有四五岁了。常年在外，他最大的煎熬就是想家。每次看到别人一家团聚的情景，他就会有些失落。儿子一家在县城生活，目前还在努力还房贷。再干两年，他就不干了，选择回家种地，家里还有五六亩地，种的都是小麦、玉米。外出打工这么多年，他没有缴过社保，回乡养老是唯一的选择，同时，这也能为孩子减轻负担。

在 2017 年的全国"两会"上，有政协委员指出，第一代农民工是一个庞大的弱势群体，他们曾经投身于国家经济建设，为改革开放做出了巨大贡献，如今理应得到关注，受到关怀。国家应立法或出台政策统一全国农民工养老制度，加大力度统筹和规范老年农民工社会养老保险、医保、福利等基本保障。

二、“告老还乡”者——住进儿时的村居，追寻儿时的回忆

王大爷小时候从江苏省无锡市某县的一个小山村到省会南京谋生，后来招工到一家国有企业当了工人，之后又转干调到某机关工作。王大爷在城里结婚生子后，还经常回老家看看。老家有一栋父母遗留下来的两层砖瓦楼房，过去是弟弟、弟媳住着，弟弟、弟媳建了新房后，那栋旧砖瓦楼房就一直空着，弟弟、弟媳负责保管维修，放点粮食、农具等。

两年前，王大爷退休后，看到一些人到农村租房子居住养老，也动了回乡的心思。于是，他带着老伴回了老家。

王大爷的儿子和女儿都在城里工作，孙子也在城里念书，老家的那栋砖瓦楼房，他们肯定不会要了。回老家后，王大爷拿出3万元积蓄把这栋老房子装修一新，厨房、卫生间改造得都和城里一样，使用起来卫生又方便。之后，他又花2万元请人在屋门口挖了一口水井，建了一个水塔，把水管接进

山村的自然风光令人陶醉，很适合老人休闲居住

屋内，用上了干净方便的井水。

王大爷夫妇每月退休金加起来有4000多元，老两口住在乡里，不但物质生活保持得和在城里生活时一样，而且增添了新的乐趣。他们在屋前屋后的空地上种菜养鸡，春天还上山拔拔野笋、挑挑蕨菜，日子过得舒坦极了。

像王大爷这样告老还乡者并不少见，他们回到老家，将房子修葺一新，除了能享受着城市里一样的便捷生活，还能享受到农村的安静清新，寂寞的时候，就去串串门，拉拉家常。

事实上，在中国古代，“告老还乡”是外出发展的人的最终归宿，特别是在外做官者，“衣锦还乡”是自身和家族莫大的荣耀。从某种角度讲，古代的“告老还乡”是“从人才资源流出到人才资源流入”的良性循环，对带动农村经济、文化的交流和发展起到一定的作用。如今，这些从农村走出去的城里人，也有一部分选择了“告老还乡”，继续发挥着光和热。

三、城区老人下乡者之一——租住农家小院，乐享晚年

如今，城市低收入者养老难已是不争的事实。张大爷和老伴儿都70多岁了，两人仅靠张大爷一个月800多元的退休金生活，自从他们两年前移居湖南省益阳市桃江县的乡下之后，生活比在益阳市时好多了，日子过得有滋有味。

张大爷老两口虽然在益阳市生活了50多年，可在老家桃江县乡下还有一大帮亲戚。为此，老两口每年都要回乡下一两趟。每次回去，他们呼吸的是大自然清新的空气，吃的是新鲜又便宜的农家蔬菜，常常流连忘返。久而久之，二老萌生了回农村养老的想法。

2007年春节过后，张大爷征得儿子、儿媳同意，托亲戚在老家桃江县找了个山清水秀的农家小院，两间房的月租金才60元，房东供应他们每天的时令小菜，一天只要1元钱。山村的土鸡土鸭新鲜美味，还比城里的要便宜得多，买东西无需像在城里那样讨价还价。而他们在益阳城里的那套两室一厅的房子，每个月能收入800元租金，这些钱都能如数存入银行。

现在，张大爷老两口每天到左邻右舍走一走，找老姐妹聊聊天、晒晒太阳，在房前屋后养养花，心情好了，身体也更好了。

张大爷老两口租住的农家小院古朴整洁

质朴自然的乡土田园，既是古代文人雅士吟诵不休的主题，也是一些空怀报国之志的官宦晚年归隐之地。时过境迁，如今宁静的乡村生活，成了不少城里人养老的理想选择。退休后，许多城里人远离喧嚣的大都市，重归大自然，以旅游、移民、还乡、租赁等模式居住在农村，过起了"上山下乡"的生活。

目前，这种新的"上山下乡"现象在中国渐成趋势，它不但解决了城市人养老难的问题，也为村民增收探索出一条新途径。

四、城区老人下乡者之二——到深山农家旅社去避暑

70 岁的董老，退休前是浙江省文化局的干部，他 65 岁的老伴退休前在杭州市图书馆工作，两人的月退休养老金都在 1800 元以上，生活过得自然是比较富足。唯一遗憾的是，城里一到夏天就热得难受，开空调，必须闭门关窗，吹久了头昏脑涨，很不舒服。

2014 年的一个夏天，董老夫妇和几位老哥老姐去浙江省浦江县的仙华山

游览了几天，一下子就被那里优美的风景和清凉的环境吸引住了：山不高，早晚云雾缭绕，移步换景，犹入仙境。仙华山山脚下，有30多家农家旅社，条件就和城里一样，应有尽有，连床上用品都是新的，住宿费每人每天25元，还包吃，早上有馒头，中、晚餐都是四菜一汤，经济又实惠。城里一天到晚炎热似火，这里无论白天晚上，都显得特别凉爽。

董老夫妇觉得，仙华山特别适合他们这样的老年人避暑。次年夏天，董老夫妇和一帮老哥老姐再次来到仙华山，在这里一住就是3个月。早上和傍晚，他们沿山间小道散散步，呼吸呼吸大自然的清新空气；上午，他们结伴爬山、钓鱼、采野菜；下午，他们搬一把凳子坐在农家旅社门口看看书、下下棋，或一起跳舞、聊天，悠闲自在。

第二年、第三年夏天，他们还是来这里避暑。就这样，董老夫妇年年夏天都要来仙华山居住几个月，度过炎热的夏季。

夏天是城市里最熬过的季节，老年人尤其不适应。炎热的夏季到山村里

董老夫妇租住的农家旅社

住在农家旅社避暑，是部分老人最明智的选择，花钱不多，却能不限时间地享受天然氧吧，听鸟语花香，体验深山农家生活的乐趣。

城市人乡居养老，不但带动了农村养老服务产业的发展，也给农村带来了城市科学、文明的生活方式，比如装扮院子、装修房子、修建卫生间等，这些成了许多村民改造房子时的“样板”。同时，城里人的文化修养和生活方式，又给世世代代生活在偏僻的乡村的农民送去了新观念，给他们的精神生活注入了新活力。

越洋农民篇

幸福生活是奋斗出来的

导 读

随着改革开放的深入，中国融入世界市场的程度不断加深，不仅中国的产品和公司走向世界，中国的农民也开始通过不同的机会和途径走向世界，寻找发展机会。有的去海外农场打工，或者租地成为农场主；有的成为中间商，将中国的小商品卖到世界各地；有的跟随中国援建项目公司，加入施工队，成为建筑工人、铁路工人、桥梁工人；也有的选择利用国外的资源条件，在海外创业等。

为了顺应这一发展趋势，2002年国家和地方的海外外派劳务政策开始大量实行，为中国农民工提供了海外务工的机会，增强了安全保障。与此同时，国内开始涌入大量的劳务中介公司，这些公司专门和外企合作，将国内的钢筋工、木匠、电工、司机等，输出至新加坡、马来西亚、阿联酋、科威特、韩国、澳大利亚、日本等国家。

为什么会有越来越多的农民工热衷于去海外务农、打工、经商？除了国家项目、公司派遣、亲友帮助、开阔视野外，最主要的原因是他们看重国外的工资要比国内的相对高一些。为了能够多挣点钱，更好地养家，他们往往乐意通过朋友和老乡的介绍，一起去海外闯荡。

从现有越洋农民的现状看，主要集中在三个方面：一是从事农业生产，包括承包牧场、农场，甚至拓荒垦地，这方面以俄罗斯、非洲国家为主；二是以从事边境贸易为主；三是从事劳务输出，包括家政用工等。这些越洋农民不仅为输出国经济做出了贡献，也为自己的家庭创造了财富。但是，在海外工作的中国农民，多数从事的是最艰苦的活儿，停留时间一般很长，往往一两年才回家一次，需要忍受对家人的思念。由于一些国家的政局动荡不安，中国海外人员的人身安全也得不到很好的保障。所以，近年来，许多公司通过提高薪水和福利来吸引中国员工，中国政府也加强了对海外劳动安全的保护以及对其权益的维护。

第一节　越洋务农者

近年来，中国人去海外租地当农民成为热门话题，租地当农民热的兴起背后是中国经济的崛起，资本实力的增强。一些大型国有企业倾向于在非洲投资规模较大的种植园；或者在一些国家投资种植水稻、木薯、芝麻等作物，一部分卖给当地人，一部分输送到中国。比如，2016 年，中粮集团的海外种植地选在巴西、阿根廷等国，计划种植大豆、油菜、玉米，种植面积有 600 多万亩。规模较小的农业公司则选择租赁的方式，比如在中俄边界承包土地，种植农作物。

海外的中国农民租种的花卉农场

如今，许多有钱的华人也开始一掷千金，购买大量土地，当起了农场主。2016年5月，一名中国人以近2000万美元的价格购下美国中西部得克萨斯州的巴克耶小镇及其周边约5000英亩农地，引起了轰动。实际上在加拿大、澳大利亚、新西兰、俄罗斯、非洲部分国家等土地资源丰富的国家，随处可见中国人购地、租地。他们雇用当地人或者直接从中国招聘农民帮忙种植和管理。华人的农场主要为当地中餐馆和农贸市场提供原料，并由此发展出一种特色农业。而随着种植范围和市场的扩大，许多华人农民也不仅仅种植蔬菜和粮食，而开始种植花卉、果木、香料等。

在中国人到海外投资农业的大背景下，中国的本土农民随之大量走向国外，到农场打工，成为职业农民，或者分租小规模的土地种植粮食和蔬菜。某个村庄只要有一个人去海外农场打工挣了钱，回到村里，形成了影响，就会带动村民跟着一起去海外。久而久之，亲戚朋友相互带动，他们就以组团的方式去海外当农民。

一、海外农业工人——集体到俄罗斯种地，走上致富路

21世纪初，从边贸口岸黑龙江省东宁市出发，中国人尤其是东北人在俄罗斯开发新的生意——租种土地。俄罗斯是目前中国人赴海外进行农业开发的最大目标国之一。在广袤的俄罗斯土地上，小型家庭农场以种植大棚蔬菜为主，粮食种植则多由企业租赁土地后采用机械化种植，种植出来的作物几乎都在俄罗斯当地销售。

东北人曹秀芝所在的村子叫太阳升村，位于东宁县大肚川镇，由此往东几千米就是中俄边境。

每年3月，顶着初春凛冽的寒风，曹秀芝跟着丈夫到上百千米外的俄罗斯乌苏里斯克市十月区的一个农场打工，那里到处是黑土地、农场、大棚。初到农场，曹秀芝的孤独感油然而生，但是很快被周围的中国人面孔冲淡了。她感觉，这里的农场和黑龙江的没太大区别，就是地块特别大。附近的各个农场里，有上千名中国农民。

夫妻俩到俄罗斯已有几年了，由于只会几句俄语，他们平时只在地头忙活。他们耕作的土地，是同村的赵彦斌向公司承租的，面积有几十公顷，大

俄罗斯广袤的农场

棚里种了胡萝卜、大头菜、黄瓜等作物。农忙时，他们偶尔会向开农用机械的俄罗斯雇工打个招呼，算仅有的“外交”。租地、雇人等必须与俄罗斯人打交道的事，都由雇主赵彦斌负责。赵彦斌是由其兄弟赵彦明从太阳升村带出来的。如今，赵彦明是太阳升村在俄罗斯最大的土地承包户之一。

实际上，在 1998 年，太阳升村已有村民开始赴俄罗斯种地。当时村里共有 1000 亩地，人均只有两三亩地，若不外出打工，仅有的土地难以让村民养家糊口。于是，村民刘军、张良海、许培毅、薛立功最先出去种地，到那边挣到钱后，引起了村民们的羡慕。2000 年左右，中国粮价低迷，大米价格不及现在的一半，种地不挣钱甚至赔钱，一些村民的心思飘到了一山之隔的俄罗斯。其中，村民赵彦明果断地跟着最早的一批人去俄罗斯农场打工，后来转向承租土地，由于资金投入不到位，一直没赚到钱，过了几年才慢慢发家。

目前，太阳升村是东宁市农民出国务农最集中的村庄，赴俄罗斯租种土地的个体约五六十户，一般在俄罗斯租 10 多公顷地种蔬菜。村里出国帮工的，有七八十人。曹秀芝和丈夫就属于这类打工者，在赵彦斌的农场里打

俄罗斯乌苏里斯克市一个农场里中国人和俄罗斯人在一起检修农机

工。夫妻俩连续六七年，像候鸟一般，3—11 月，在俄罗斯种地，其余时间则待在太阳升村。

在俄罗斯种地的中国个体户基本都愿意雇中国的帮工，因为尽管在当地雇用俄罗斯人比中国人便宜，中国民工的签证成本、吃喝拉撒睡都得包，但当地人的“时间观念”太强，只要 8 小时工作时间一到，即使犁田 100 米的计划只剩下最后两米，或者用起重机吊木头，木头正在空中，他们也会停下来，关机，走人。即使给加班费，他们也不愿意继续干活。

赴俄罗斯种地的热潮与中俄边贸的逐渐兴起有莫大关系。20 世纪 90 年代初期，中国商人大量涌入俄罗斯远东地区各个市场，其中包括菜市场。最初中国人主要贩卖来自中国的蔬菜。随着俄罗斯土地租赁政策的松动，一部分中国菜商、农民开始租赁俄罗斯原集体农场的土地，就地种菜，供应给当地市场。

另外，俄罗斯远东地区闲置、未开发的耕地面积达 1 亿亩，而其人口只相当于黑龙江省的 1/5，且 90% 以上集中于城市居住。自苏联解体后，俄罗斯国内原有的集体农庄相继解体，大量土地被弃耕，但粮食、蔬菜是刚性需求，这为中国农民赴俄罗斯种地提供了基础。

二、海外农场主之一——远赴非洲种出“金”稻子

非洲东部传统的农业区，地处高原，气候条件良好，这里也是非洲人口最稠密的地区。然而，粮食问题一直是制约当地发展的一道难关。大片肥沃的土地被荒废，他们种的庄稼由于疏于管理，常常长不出来；即使长出来了，也往往因不懂管理而死掉。后来，勤劳的中国人来这里种地，才改变了当地的窘况。

2017 年 5 月中旬，位于南半球的南非已经进入秋收时节。位于南非自由州省和西北省交界处的一个农场里，苏志伟和他所创立的南非粮食（种植）研究开发有限公司在这里精耕细作，苦心经营，已经进入了第 7 个年头。这 7 年里，水稻田从无到有，产量由低到高，公司实力由弱到强，一直保持着快速的发展势头。

在南非种水稻，不是苏志伟拍脑袋作出的决定。事实上，南非自然条件

农场里的非洲雇工在收割稻谷

非洲雇工晒稻谷的场景

优越，气候好，光照长，天灾少，土地肥，很适合发展农业。苏志伟的农场所在地，海拔在1300米，年降雨量达到900毫米，常年气温在20℃左右，光照和水源充足，非常适合作为水稻育种基地。

除了占天时地利的优势，苏志伟的水稻项目也及时捕捉到了市场机遇。数据显示，80%的南非人食用大米，南非每年进口食用大米超过300万吨，市场价值超过400亿兰特（1美元约合11.92兰特）。但迄今为止，南非仍没有较大型的水稻种植户。为此，南非政府已经将水稻种植确立为第五大战略粮食项目，这为苏志伟这样的农业企业家在非洲发展农业增强了信心。经过数年时间在各大省区的种植研究和试验，苏志伟发现，南非可种植水稻的区域面积超过150万公顷。他估计，在未来5年内，水稻产业的产值每年为80亿~100亿兰特。

南非农业部负责人多次去他的公司考察，表示对水稻田的发展经验很感兴趣。在苏志伟的成功经验带动下，周边的当地农户也纷纷要求加入水稻种植行列。苏志伟向他们出售水稻种子，并且免费传授种植技术，让农户们尝到了甜头。苏志伟还计划在南非成立水稻种植协会，寻求发展包括粮食种植、粮食深加工以及酿酒等系列产业链。

总之，非洲是世界古人类和古文明的发祥地之一，公元前4000年便有最早的文字记载。非洲北部的埃及是世界文明发源地之一。在人们的印象中，非洲相当落后与贫穷，土地贫瘠，还到处干旱。其实，非洲有很多地方土地肥沃，但是当地人并不愿意且没有技术去开垦，这让很多中国人看到了机会，不远万里来这里拓荒种田。

三、海外农场主之二——肯吃苦敢创新，由菜农变农场主

淘金是澳大利亚200多年历史中很重要的篇章。19世纪中叶，华人历经千辛万苦漂洋过海到澳大利亚淘金，一些人发达了，更多人未能如愿以偿。回乡之路遥不可及，为谋生计，一些广东籍华人则干起了老本行，在当地开荒种菜，由此掀开了广东菜农在澳大利亚种菜百年史的第一页。

如今，澳大利亚悉尼附近的华人菜园有300个左右，供应新南威尔士

澳大利亚农场采用先进的喷灌系统

澳大利亚农场种出的蔬菜瓜果

州。中国菜近年越来越受欢迎，除了华人必吃外，本地人每周的晚餐最少会吃一顿中国菜。

70 多岁的钟荣是澳大利亚众多华人农场主之一。20 世纪 50 年代末，钟荣以学生的身份来到澳大利亚，边读书边打工。钟荣先在餐馆、杂货铺打杂，后来去白人的农场种菜。渐渐地，他发现，种菜虽然工作时间长，日晒雨淋，付出的体力也比较多，但只要肯吃苦，就能获得当地平均水平的收入，而且收入比较稳定。20 世纪 80 年代开始，攒得小笔资本的钟荣开始自己租地种菜，其后渐渐开始购买菜地，成为农场主。

除了能吃苦，引进新品种也是他成功的法宝。钟荣来到澳大利亚之初，当地只有花椰菜、胡萝卜、洋葱等欧洲人常吃的蔬菜品种，根本没有中国的白菜、卷心菜等，而且本地人也不爱吃中国菜。而现在，在悉尼市区的每个菜市场，西洋菜、小白菜、芥菜、上海青、姜、葱、蒜等蔬菜品种琳琅满目，与广州任何一个菜市场无异。这些中国菜，全部是细心的钟荣与悉尼的其他华人菜农一起从中国引进的。

近10年来，钟荣和其他菜农都深深感受到成本上涨带来的经营压力，土地、农药、人工，所有的成本都在上涨，中国菜的价格一般为每千克4~6澳元，而这个价格和10年前差不多。但相比成本增长的压力，更让钟荣心焦的是“后继无人”。钟荣的两个儿子和一个女儿都在澳大利亚出生的，两个儿子目前经营着钟荣创办的蔬菜批发公司。他们没有下过一天地，没有种过菜，已经不是传统意义上的菜农。

后代们接受当地教育，融入当地社会，基本不愿意再做种菜这种辛苦的工作了。在菜农后代中，钟荣的儿子们所从事的职业，已经是和菜园有最大联系的了。据他所知，同乡菜农的子女有的做药剂师，有的做汽车销售，几乎没有一个与种菜相关。另一名菜农伍先生20岁的儿子正在大学念计算机专业，未来也不打算接手菜园。

第二节　跨国商人

中国是世界上人口最多的国家，也是世界上最努力的国家之一。新中国成立不到70年，中国就从一个穷得揭不开锅的国家变成如今人民安居乐业的大国。而努力的中国人更是散布在全世界的每一个角落，每到一个国家，都可以看到中国人的身影。

特别是改革开放以后，随着中国的商品和企业走出国门，世界各国人开始增加对中国的了解，中国人也进一步融入到世界市场体系，与各国人民建立了友好的发展合作关系。这也为中国农民走出国门做生意提供了相对和平的环境以及无限的商机。

这些走出国门的中国农民用他们的智慧和勤劳，成为跨国商人，在异国他乡寻找和发掘致富的可能性。比如，非洲乌干达的唐人街，由于中国的企业和店面越来越多，聚集了上万名中国人，相应的生意便应运而生。有挨家挨户卖豆腐的，有兜售冰豆浆的，有上门送温州炸年糕的，有送浙江风味盒饭的，有送饺子和炒面的，还有专门为华人理发的，虽然都没有门面，但他

毛里求斯有非洲最大的唐人街

们的生意都非常好。他们租房子住，往往很多人住在一起，这样可以省不少房租。租住的房子同时也是作坊，事先炒好菜，做好米饭，一接到订餐的电话，就立即装盒给客人送去。跑久了，哪家在哪摸得一清二楚。

乌干达的唐人街是世界唐人街的一个缩影。唐人街是海外华人聚居的地方。它们见证了华人在海外的发家史，代表了中国人在海外的形象，也成为了中国商人栖息和聚集之地，是许多中国普通老百姓走出国门做生意的奋斗起点。

“一带一路”倡议的实施，为中国人走出国门做生意提供了无穷商机以及信心保障。比如，为推进“一带一路”建设，投资达570亿美元的中巴经济走廊基建项目开工，使得中国农民、商人追赶着中国大型企业的脚步来到巴基斯坦。有些人开办了中餐馆和语言学校，有些人正努力向这个两亿人的市场出售商品，还有些人计划利用巴基斯坦的成本优势在此投资设厂。

一、贸易商——走遍世界，寻找商机

56岁的周更明是一个不懂外语的老农民。令很多人吃惊的是，他已经踏遍了半个地球。他靠汗水和头脑，把生意做得红红火火，一直做到全世界。

家住浙江省温岭市太平街道山下金村的他，中学毕业时正遇上“文革”，于是回家务农，后来开始了候鸟般的养蜂生活，足迹几乎遍布国内所有省市。正是这些经历，练就了周更明吃苦耐劳的精神和走南闯北的胆魄。

1991年，苏联解体，在外养蜂多年的老周看准这一商机，扔掉蜂箱，投入商海，来到中俄边境的绥芬河流域做边贸生意。当时俄罗斯的物资很是匮乏，周更明在那里以物物交换的方式谈妥了第一笔生意，用相当于20万元人民币的货物换取了一条旧钢质轮船。船一到周更明手上，买主就找上了门，转眼间就脱手成交。这笔买卖是周更明在商海掘得的第一桶金。继而，老周转向钢铁生意。

后来一次“送钱”经历，让老周名声大振，在当地被传为佳话。他在绥芬河时，常与河南某公司的员工住在一个宾馆，彼此间就比较熟悉。有一次，这家公司要从国内带大额资金到俄罗斯进钢铁，因为公司人员紧张，公司就请列车员和正要去俄罗斯的周更明代劳，说好到了绥芬河后，公司住绥芬河办事处的工作人员小陈就会来接站。出门在外，谁没求人的时候，乐于助人的老周也就欣然答应了。不曾想到，老周到了绥芬河后，在约定地点左等右等就是不见小陈的人影。焦虑至极的老周只得怀揣几十万元人民币找到小陈住宿的旅馆，却被告之小陈已于前一天到这家公司的驻俄总部去了，老周一下子傻了眼。这个时候老周若心生贪欲，这钱也就归他了。可老周却自掏腰包买了火车票，坐了一天一夜的火车，找到了这家公司的驻俄总部。看着他千里迢迢送来的巨额现金，公司员工真是感动得不知说什么好，老周的大名也因此响亮了起来。

老周现在还收藏着3本护照，上面是密密麻麻的各国海关签章，这见证了他另一番商海经历。1999年，张贴在浙江省台州市路桥商业城的一纸招商书，使老周和几个同行奔赴阿联酋的沙迦，开始了他的中东练摊之旅。

老周一行到达阿联酋时，沙迦市场的冷清和萧条大大超出了他们的想象，很多人失望地回国了，唯独老周留了下来。他在阿联酋一住就是两个多月，对当地的经济、市场进行了全面考察，结果发现了无限的商机。阿联酋等中东国家石油资源丰富，当地百姓生活富裕，但日常用品主要以进口为主，而中国的产品凭借价格优势抢占了其中 60% 的市场。这一重大发现让老周兴奋不已，他急忙叫家里人将购置好的货物托运过来。

这样过了几年，老周从中摸索出了一些门道。几乎中东的每个国家和地区都会定期举办商品展销会，一般 10 天一次，而且通常是各地区轮流举办。这个时候，当地居民就像是过节一样，会相约去购买大量的生活用品。由于购买者比较集中，展销会的生意显然要比在街头设摊火爆得多。此后，老周便频繁穿梭于中东各国的展销会。那几年，他走遍了中东的大部分国家。

由于没学过一句外语，老周通常用手比划。用他的话来说，世上唯有手语是各国都相通的。中国商品在中东很受欢迎，当地人一看到周更明背着货物走在大街上，就会喊“China! China!”表示要买他的货物。一番手势比划下

中国的小商品在中东很受欢迎

来，双方就基本上明白对方的意思。末了，老周一句："Money!"生意就成交了。

但是，语言不通还是对生意有不少影响，一些复杂的生意往往因为双方无法领会对方的意思而告吹。签合同也成了难事，很多生意因此白白地溜走了。因此，老周特别羡慕现在的大学生，如果他们能走出去，那定是另一番景象。

如今，老周的脑子里已经装下了半张世界地图，饱经风霜的脸上流露出自豪和满足。前段时间，他又到南美的哥伦比亚转了一圈，发现那里的市场也非常有潜力，于是决定接下来要在南美各国做生意。他计划以后可能还会去北美、西欧，将世界各地的市场进行比较分析，然后选一个适合自己的地方，安营扎寨做买卖。

二、个体户——将餐馆开到非洲

改革开放以来，中国的综合国力不断增强，越来越多的国家对中国开放了免签政策，这些政策为中国人在海外创业带来了不少机遇。随着中国越来越多的企业到海外投资以及中国游客走出国门行走于全世界，中国餐饮业也迎来了到海外发展的良机，无论是大的餐饮公司，还是小的中餐店，逐渐遍布世界各国的主要城市。特别是近几年，中国企业到非洲投资力度越来越大，为了满足中国务工人员的需求，首先针对中国人消费的餐饮业出现了。同时，非洲国家到中国留学的人员日益增长，他们回国后，也帮助传播了中国餐饮文化。

在非洲，来自浙江的"80后"王露平就享受到了中国餐饮业进入非洲市场的红利。他在摩洛哥开了一家中餐厅，主打麻婆豆腐、水煮鱼、鱼香肉丝等家常菜。开业半年，他就做到每月盈利10万元。

王露平是最早一批来摩洛哥的中国人，那时整个摩洛哥的中国人不足3000名，中国游客也是少之又少。2016年6月，摩洛哥对中国开放免签政策后，当地的旅游业也开始发达起来，在半年时间内，来摩洛哥旅游的中国人增加了6倍。

虽然中国游客增加了，但中国人不喜欢当地的饮食，而中餐厅又非常少。王

中国餐厅在非洲开始受到人们的欢迎

露平察觉出这一商机，觉得每个身处异乡的中国人，都非常怀念“家乡的味道”。于是，2017年1月，他的长城中餐厅在摩洛哥古老的皇城菲斯诞生了，这是当地第一家中餐厅。

王露平为了让中国游客在摩洛哥吃到正宗的家乡味，他尽可能地把餐厅装修得更中国化，圆桌、大红灯笼、中国结、对联等中国元素布满了餐厅的各个角落。在收银台最显眼的位置，还有电子支付二维码，以方便没带够当地货币的客人付款。

餐厅里的油盐酱醋等调料均来自中国，装有调料的贸易船就从宁波出发，经西班牙驶入卡萨布兰卡，再到菲斯，要历时4个月之久。而蔬菜、瓜果都可以在当地菜市场购买。每天早晨，王露平的第一件事就是去菜市场亲自挑选最新鲜的食材。光临长城中餐厅的本地顾客很少，对当地人而言，几十元人民币一道菜是非常昂贵的。尽管如此，长城中餐厅的生意还是异常火爆。

三、公司老板——远赴非洲创业淘金

河南省新野县上庄乡山坡村，从2003年至今，先后有20多名村民，远赴非洲贝宁、多哥开辟小商品贸易、农副产品加工、酒店服务业等。他们以勤奋、智慧、不怕艰苦的拼搏精神，为自己的跨国创业之路书写了精彩的篇章。

到非洲开辟创业新路子，山文林在山坡村是开先河之人。从2008年开始，他的儿子山红玉也参与进来，父子二人协力打拼，创业之路越走越宽，成为村民们非洲行的标杆。

2003 年 1 月，山文林第一次去非洲的时候，还没有开公司的想法，当时的梦想就是打工挣钱。对于非洲生活条件的艰苦，他早有思想准备，但实际困难远比想象中的多。比如，一年到头很热，虽分旱季、雨季，但温度一般为 30℃ ~40℃。生活上，蔬菜少，老家新野县是蔬菜生产大县，可在非洲，蔬菜比肉还稀罕，一个包心菜十几元，番茄 12 元每千克。

在艰苦的条件下，山文林努力打工攒钱，积累市场经验。2005 年，他在贝宁开办了属于自己的非永有限公司，专做日用百货生意。在贝宁，由于缺少加工业，日用百货大都是从中国进口的。山文林往返于贝宁和义乌之间，把国内生产的百货通过远洋货轮运到贝宁。一趟下来，需要一个多月的时间，人很辛苦，但公司业务发展很快。

为了克服语言交流的障碍，山文林的非永有限公司请了一名翻译，中国名字是“马雨斯”。这位翻译有在北京大学学习 3 年的经历，在贝宁算是勤学上进的年轻人。在国内，山文林是农民、打工者、创业人；在非洲，他被看成带着翻译的有钱人。

中国的百货商品遍布非洲商场

2008年，山文林的儿子山红玉退伍之后便去非洲与父亲会合，共同打理非永有限公司。父子二人认真考察贝宁的市场后，决定扩大经营范围，同时开办了农产品加工厂。

山红玉是“80后”，在异国结交朋友、发展客户方面，可谓青出于蓝而胜于蓝。非永有限公司从贝宁收购农产品进行加工，然后运回国；再从国内批发小商品，运到非洲。在经济不发达的贝宁，他们做的生意都是薄利多销的。从2011年开始，公司又增添了新力量。山红玉的妻子万美芳也来到贝宁，加入到公司的经营中。

上庄乡的村民们如今说到山文林，都称呼他“山总”。山文林还积极帮助村里的乡亲到非洲开辟致富之路。这个非洲的跨国创业群体到了非洲，有的做农副产品贸易、办加工厂、开饭馆，有的为自己在国内的工厂采购原料等。

四、公司老板——农民企业家到海外投资

“为社会而生存，为行业而努力。”这是江西省赣州市华坚国际鞋城有限公司董事长张华荣写给自己的座右铭。这十二个字，既是张华荣立志行业、心系社会的真实写照，也是他执着追求人生奋斗目标的巨大动力。

1981年，张华荣从部队转业回到家乡——江西省南昌县麻丘乡厚溪村。创业之初，他跟父亲学过木工，也跟大哥做过建筑，后来还在街头摆地摊卖油菜籽，到九江做鞋子零售生意。那时他和很多年轻人的想法一样，只要不种田、能够吃饱饭和穿上新衣服，除了不做犯法的事，干什么都行。

1984年10月，张华荣将自家的农舍腾出一间来作为车间，在村里请了15个心灵手巧的农家妹，再借来3台缝纫机，创办了南昌县麻丘厚溪青春鞋帽厂，生产北京布鞋。后来，厂子被迁到了南昌市，并更名为江西华坚鞋业有限公司。

1996年，公司刚有起色，欧盟开始反倾销，公司的出口订单只剩下20%，设备闲置，人员流失，公司面临倒闭的危险。张华荣别无选择地做出了一个重大决定，带着30万元钱，率领80名员工，南下广东东莞，在厚街镇白濠村成立了东莞华坚鞋业有限公司——华坚集团的前身。

可是，对于一个初来乍到，人生地不熟，一缺资金，二少订单，三无关系，四

没现代化鞋厂管理经验的企业来说，要站住脚跟，谈何容易。当时公司辛辛苦苦生产的鞋子卖不出去，讨债的人也不离公司大门口，公司好几次差点倒闭了。特别是 1998 年前后，实在撑不住了，张华荣打算把厂子卖掉，只是苦于找不到买家。那时有人给他出卷款潜逃的主意，但想到厂里那么多员工，他不忍心。于是他下定决心，一定要坚持下去。

张华荣豁出去了，一头扎进车间，从改善鞋子的质量做起，以质量求生存，靠服务找客户。就这样，质量上去了，对客人的服务更好了。老外也满意了，竖起大拇指夸中国人了不起，不但下了大量订单，还主动借钱帮他渡过难关。有了这样一段艰难经历，公司逐步步入正轨，并且开始了跳跃式的发展。在短短几年的时间里，公司以中高档女鞋制造为中心，先后开设了 10 余家子公司，客户遍及欧美数十个国家和地区。

2011 年 11 月，华坚集团在亚的斯亚贝巴的东方工业园投资建设华坚国际鞋城（埃塞俄比亚）有限公司，作为华坚非洲女鞋定点制造基地。2012 年 1 月 5 日正式投产，埃塞俄比亚的华坚鞋城从开工建设到投产仅短短 3 个月，就使得当地皮革产品出口增长了 57%，创造了埃塞俄比亚的“华坚速度”，也创造了在非洲国家生产出美国最主流女鞋的神话，成为埃塞俄比亚最大的出

埃塞俄比亚的华坚国际鞋城有限公司的制鞋车间

口企业。

目前，华坚国际鞋城（埃塞俄比亚）有限公司已建成9条现代化制鞋生产线和配套的鞋材厂，主要生产世界知名品牌女鞋，具备年生产出口女鞋300万双的产能。截至2016年年底，已累计出口超过8000万美金，实际结汇超过4000万美元，为当地解决了6000人就业。

除此之外，在“一带一路”倡议的指引下，2015年4月，华坚集团又在埃塞俄比亚开始了第二个重大投资项目——位于首都亚的斯亚贝巴的埃塞—中国（广东）华坚国际轻工业城。这是中国在埃塞俄比亚投资的唯一一个位于首都的工业园区，占地137.8公顷，以轻工业制造为主，集出口加工、商贸、服务等功能于一体，是“一带一路”中国—非洲国际产能合作新平台，也是广东—非洲工业合作的先行区和埃塞俄比亚产城融合发展的示范区。

随着“一带一路”倡议不断深入推进，中非经贸合作正面临着难得的发展机遇期，也为类似华坚集团这样的民营企业进行产业转移带来了机遇，为产业升级赢得了时间，腾出了空间，进而拓展了更大的市场。

第三节　越洋打工者

中国人越洋打工的历史由来已久。19世纪初，大批华人背井离乡，或被诱骗拐卖出洋，那时还不叫“打洋工”，而叫“卖猪仔”。在当时的中国人眼中，背井离乡的华人出国打工看起来就好像是被卖来卖去一样，因此被称作“卖猪仔”。

第一次世界大战结束后，一方面国内战乱不断，民不聊生；另一方面，马来西亚、印度尼西亚等东南亚地区经济处于上升期，需要大批的廉价劳动力。因此，中国闽粤各省的移民涌入东南亚。

当时，贫苦的华人到达异乡后，主要从事“三把刀”行业，即菜刀、剃刀和剪刀，分别是指餐饮业、小百货和制衣等普通职业。因为脑子灵活、勤劳肯干、家族观念强等，一批批贫苦的华人在异乡开辟出一片新天地。

对出国务工人员进行培训

新中国成立后，由于国内外各方面原因，中国人外出打工的减少了。随着改革开放的深入发展，中国人又开始了海外打工之旅，哪里能安全地获得高收入，不怕苦不怕累的中国人就会去哪里奋斗。

近年来，随着中国海外投资日益增多，越来越多的中国人走出国门，到海外务工。国外高出国内几倍甚至几十倍的工资，吸引着中国人，尤其是农村的年轻人。出国务工已成为他们眼中的“致富路”。

中国的海外劳工遍布世界各地，发达的欧美国家已聚集了大量的华人劳工，近些年到非洲淘金的中国人也开始增多，各种各样的基础工程带来的高收入吸引了越来越多的中国农民工。比如中国公司雇用国内的农民工进行赤道几内亚巴塔的电网改造和扩建工程。数百名中国工人在巴塔工作，成为一个独特的群体。如今，在许多年轻人心中，去国外挣票子，回国内盖房子、办厂子，已经成为一种致富模式。

2017 年 6 月，联合国公布的一份调查报告显示，2016 年全球大约有 2 亿海外"打工仔"养活着他们生活在发展中国家的8亿家人。而中国外派劳工对国内的汇款总额达610亿美元，居全球第二。据四川省商务厅数据显示，中国人赴海外务工更多选择邻近的日本、韩国、新加坡以及北美发达地区，主要工种有建筑工、厨师、缝纫工、焊工、服务员、销售员等。而在非洲和中东，中国人最多的是做建筑工。

对于赴海外务工的中国人而言，高收入的背后是要忍受异常艰苦的环境和思亲的伤感。在海外，除了要面临语言、环境、饮食、文化等方面的差异，他们的生命和财富没有绝对的安全保障。但是，为了让家人过上更好的生活，再艰苦的环境，中国的农民工也愿意承受，默默地在异国他乡为未来幸福的家庭生活而艰苦奋斗。

一、厨师——没背景不懂英语，靠川菜打入美国主流社会

张鹏亮出生于湖北省的一个贫困山村，由于高考填报志愿失误，阴差阳错进地入了厨师班学习。当时，他觉得读了十几年的书，成绩还可以，要从事厨师这个职业，感觉有点丢脸面。经过祖父的开导，张鹏亮重拾信心，认真学习烹饪技能，以优异的成绩和过人的技艺摘得多项大奖，职位一路高升。2001年，张鹏亮携妻子、女儿来到美国首都华盛顿，担任中国驻美大使馆主厨。

从偏僻的小山村一路走出国门，张鹏亮并没有安于现状。在大使馆工作两年后，张鹏亮决定离开大使馆，追求自己的餐饮梦。

在近10年的时间里，张鹏亮在多家中餐馆工作过。他创新的烹饪思路和精湛的手艺，流露在锋利的刀刃上，碰撞自厨房的锅碗中，弥漫在酱料的香味里，回味于食客的唇齿间。每一处掌勺的地方都生意火爆，门庭若市。可他总在这时候突然离开。

终于，四处奔波的张鹏亮如愿以偿地找到了志同道合的合作伙伴，来实施自己坚守多年的中餐理念，那就是，让有特色的中国菜能够让美国的主流社会认可，使他们乐于了解中国的饮食文化。

2010年，第一家以Peter Chang命名的餐馆在美国维吉尼亚州的夏洛斯维尔市开张了。Peter Chang餐厅主打改良川菜，其他菜系兼而有之。他将川菜

现今美国人有时也会带朋友到中餐店品尝中国菜

中最基本的麻和辣与各式调料巧妙地融合，中西合璧，烹制出别致的张式味道，体现了川菜“一菜一味，百菜百味”的精华。葱油泡饼造型独特，搭配秘制蘸酱，老少皆宜；干煸茄子外酥里嫩，好似炸薯条一般；樟茶鸭肉质鲜嫩，搭配辣洋葱圈，提味解腻；还有水煮鱼、麻香脆乳肉、孜然小羊排、精致面点等。

对很多美国食客来说，Peter Chang 的食物不论是视觉效果，还是味道，早已征服了他们。Peter Chang 的中餐也得到了专业美食美酒评论家戴夫·麦金泰尔的认可。他认为张鹏亮正在试图改变美国人对中餐的印象。

在美国人心中，他们倾向于认为中餐是快餐的一种。午餐选择中餐，即点即到，要一份左宗鸡，上面总是裹满面包屑，油炸后浇满酱，没什么吃头。而 Peter Chang 中餐厅的食物饱含张鹏亮在中国学到的、经过时间检验的精湛技艺，成为美国人心目中的高档食品。能得到美国主流社会的肯定和尊重，正是张鹏亮所欣慰的。

二、建筑工——筑起的是高楼，留下的是汗水

王彦东是河北省衡水市人。这些年，他所生活的村庄，青壮年劳力纷纷前往美国、日本、韩国、新加坡等国家“掘金”。2007 年，25 岁的王彦东离开老家，第一次坐上飞机，跟着十几个老乡一起，踏上了奔赴以色列的“掘金”之路。

不同于想象中初到异国他乡的不适与焦虑，王彦东对以色列的生活比较

王彦东在以色列工地上

满意，尽管刚开始工作时一句希伯来语也不懂，但语言不通的问题并没有给他带来多少困扰。

王彦东来以色列的第一个老板是一个爱教课的“包工头”，每天上班第一件事就是检查昨天教给中国工人们的希伯来语单词。久而久之，他能用希伯来语买东西，还能用希伯来语跟老板聊工作上的事。

工作上的相对顺利让王彦东在以色列的生活风平浪静，自在满足。初到以色列，他的工作便是砌外墙，一干便是9年。夏天炙热的阳光晒得他皮肤黝黑，他对此却毫不介意。

王彦东现在在特拉维夫东部的佩塔提克市工作，同一片工地上还有十几个中国工人。工作日生活简单机械：早上5点半起床，7点正式开始工作，下午7点下班，回家吃饭，准备好第二天的午餐，晚上9点休息。到了周五下午，3点就放假了，王彦东会坐上公交车到特拉维夫的亚洲超市里买点蔬菜。周六，他会到特拉维夫海边晒太阳、游泳。有时十几个工友聚到一起，喝酒聊天，打打麻将，或者一起包车去其他地方游玩。他最喜欢的地方是死海，在那里漂在水上的感觉让他觉得很有意思。

王彦东是社交媒体爱好者，休息的时候爱唱唱歌，看到有意思的智力题目就会在社交网络上分享。也因为他的活跃，他交到了不少以色列朋友，很多是在工作中认识的。他觉得以色列人挺热情的，素质也相对比较高。尽管如此，为了赚钱，他的多数时间依然投入在每天重复的工作上。

如今，王彦东每天早晨或者中午都会跟妻子打电话聊天。他每年春节前后放长假回家一次。他不在家的时候，都是妻子一个人挑起家里的担子，家里 12 岁的儿子也全靠妻子一个人照顾。有的时候，妻子晚上睡不着，他也会陪她聊会儿。

在以色列的中国工人数量，在 2006 年达到最高值。此后，2009 年中国劳务派出政策有所调整，在以色列的中国工人数量有所下降，如今只有 1 万人左右。在以色列的中国工人，王彦东和多数是 2007 年前后来到以色列的。关

以色列是中东地区经济发展程度最高的国家

于未来，大家都没有明确的想法。王彦东和很多工友都觉得，回国也要工作，而且赚得不如这边多，以后怎么样还不敢想太多，先多赚点钱最重要。

改革开放以来，中国农民的流动性增强，走出国门打工的机会也渐渐增多。由于海外的工资待遇相对国内高一些，相当一批建筑工人通过劳务中介到海外寻找发展机会。对于像王彦东这样的农民工而言，他们多数通过老乡和朋友介绍，跟着已经出过国的人到国外打工，为了挣到更多的钱养家，他们愿意忍受孤独寂寞和迥异的生活环境。

三、铁路工——用钢铁架起中非友谊的桥梁

冯云其是四川省三台县人，17 岁就当上铁路工人，跑遍了中国的大江南北。在国内修了 20 多年铁路的他怎么也没想到，有一天自己竟然会跑到非洲修铁路。

为帮助改善埃塞俄比亚和吉布提的交通基础设施条件，并促进东非一体化进程，2012 年，由中国公司修建的亚吉铁路（从埃塞俄比亚首都亚的斯亚贝巴至吉布提首都吉布提市）破土动工。该铁路全长 700 多千米，投资 40 多亿美元，全部采用中国标准和中国技术。

冯云其于 2012 年跟着中国公司来到埃塞俄比亚，参与修建亚吉铁路。这是非洲第一条跨国电气化铁路，也是非洲第一条全部采用中国标准和中国装备建设的电气化铁路。

在非洲修铁路不仅艰辛，还时刻面临着危险。2015 年，冯云其从亚吉铁路生活营地前往工地上进行作业。突然，前方浓烟滚滚，大群来路不明人士呼喊着、奔跑着。冯云其意识到肯定是发生了骚乱。在危急关头，电话、网络都没有，他没有随群撤离，而是马上写了字条，让身边的埃塞俄比亚籍同事赶紧送到营地上通知其他工友，自己则冒着生命危险继续前往工地警戒，以防项目上的机械被不法分子破坏。幸亏冯云其及时赶到，组织人员采取了安全警戒措施，没有造成人员伤亡和大的财产损失。

冯云其是公认的技术能手，扎钢筋，安装模型，浇筑水泥，开挖掘机，样样精通，他带出来的埃塞俄比亚本地技术工人，已有 200 多个。虽然他已是个领工，但铁路上的重活、累活、脏活，他总是带头干，遇到大风险也是冲

中埃员工在铁路现场

在最前头。

东非高原上的雨来得急，来得猛。一天夜里，几声响雷过后，瓢泼大雨倾泻而下，冯云其不假思索，披上衣服就往外跑。亚吉铁路建设中经常要修大型桥梁，而修桥前要给桥墩挖大型孔桩，孔桩一般位于水沟底部，一旦被大雨引发的激流冲毁，就要破土重来，工程损失不可估量。冯云其第一时间冒雨扛着沙袋加固孔桩，保住了桥梁工程。

5 年来，在非洲远离妻子、孩子的日日夜夜，有一件令他一辈子都遗憾的事，总是萦绕在他心头。2015 年 3 月，亚吉铁路正处在紧急施工期，铁路工人要日夜施工，以保证铁路在 2016 年彻底贯通。当时冯云其正在铁路上进行混凝土施工，家里来了电话，告知他老岳父已经病逝。听到电话后，冯云其先是沉默了一会儿，随后又继续埋头工作。他没有向单位请假回家，也没有向其他人说起家中的事情，而是把这件事藏在了心底。

现在铁路建成贯通了，看着这条铁路在荒无人烟的高原上绵延向前，冯云其可高兴了。特别是 2016 年举办贯通仪式的时候，看到那么多人来到铁路

一台中国土木的轨道车在亚吉铁路上

项目上视察、观摩，有埃塞俄比亚总理，有吉布提总统，还有中国特使代表团，以及那么多中外记者，冯云其格外欣喜。他从没见过那么大的场面，当时倍感自豪，觉得能参与这么有意义的大工程，自己的一生值了。

随着中国经济的发展，中国对外援建的铁路项目日益增多。同时，中国铁路公司在海外铁路项目中标的机会也越来越多。伴随中国铁路技术的走出去，中国的铁路工人也跟着大量走出国门，他们有电工、机修工、车工、木工、瓦工、钢筋工、厨师等。尽管常年在海外，环境艰苦，但他们依然保持着中国普通大众一贯的勤劳苦干的本色。

四、工厂工人——异国他乡甘寂寞，只为家人好生活

四川省成都市金堂县人曹小军每到春节前就特别想家，今年好了，曹小军不用再跟家人相隔两地了。从 2013 年 4 月起，他就远赴日本广岛一家汽车

零配件工厂打工。

曹小军以前在四川省德阳市什邡一个工厂里打工，一个月收入 4000 元左右。婚后有了小孩，开支比较大，他想出去多挣点钱。同时，他从没出过国，也想出国去见识一下。于是，他就去劳务中介公司报了名。与他一起出国的还有 12 个人，都来自四川，到日本后也都在同一家工厂上班。他被分配到品检部门，做的工作基本和国内一样。最大的不同是，日本的工厂自动化程度高，许多工作已被机器替代。

在日本，曹小军每天上班 8 小时，每上 4 天班休息 2 天，一个月只上 20 天班。一个月的工资约 16 万日元（约合 9500 元人民币），想多挣钱的话可以选择加班，但是加班也有时间限制，每天不能超过 2 小时，否则在日本就算违法。

曹小军在日本打工 4 年多以来，差不多净挣了 33 万元人民币。村里好多人都去日本打工，3 年下来挣的钱能在老家盖一栋房子。有的日本老板在中国员工 3 年工作结束后，还会私下给一笔奖金。

曹小军所在的汽车零配件工厂

日本是一个老龄化很严重的国家，据公开数据显示，每8个人中就有1个人达到75岁以上。据调查，目前已有60%的日本企业感到劳动力不足，甚至有22.3%的企业因劳动力不足而严重影响企业正常的生产和利润。日本目前主要接收外来劳动力的行业有电子、机械、水产、缝纫、农业、建筑等。而从劳动力需求涉及的职业看，技工类的需求比例最高，这也为像曹小军这样的中国农民工到日本打工提供了机会。

"走，到日本淘金去。""既赚了钱，又学到了本事。"……这是昔日村里人热衷于去日本打工的理由。如今，随着国内工资水平的上涨，而日本企业的工资基本没怎么上涨，曹小军发现，村里人愿意去日本打工人数的增长速度没以前那么快了。但是，他计划还在日本多打几年工，等挣到100万元时，再回国与家人长期团聚。

特殊农民篇

奋进出英雄，榜样成力量

导 读

国家统计局最新发布的数据显示，2017 年末，中国城镇常住人口（以半年及以上为标准）81347 万人，比上年末增加 2049 万人；乡村常住人口 57661 万人，减少 1312 万人；城镇人口占总人口比重（城镇化率）为 58.52%，比上年末提高 1.17 个百分点。2014 年中国城镇人口为 74916 万人，乡村人口为 61866 万人；2015 年中国城镇人口为 77116 万人，乡村人口为 60346 万人；2016 年中国城镇常住人口为 79298 万人，乡村常住人口为 58973 万人。农村人口这一数据，与新中国成立初期中国农村人口数据相差不大。因此，中国仍然可以说是个农民大国。

改革开放前，中国的农民为发展农业生产、恢复国民经济、支援国家工业化建设以及保家卫国，做出了巨大贡献。改革开放后，农民工群体大量出现，他们以廉价的劳动力为中国制造走向世界做出了不可磨灭的贡献。

无论在改革开放前，还是在改革开放后，中国取得的伟大成就都离不开农民这个群体。而且对于农民大国的中国，将来相当长一段时间里，农民对国家发展的贡献依然是巨大的。

回顾改革开放 40 年历程，拉开中国改革序幕的是农民，创办乡镇企业的是农民，支持沿海开放输出劳动力的是农民，支持城镇化发展进程的仍然是农民。在这个历史画卷中，涌现出许多杰出人物，包括一些特殊农民，他们为中国“三农”历史增添了厚重的色彩。可以说，他们是不同时期不同发展阶段的中国农民中的佼佼者，他们在发挥自身的聪明才智时，也在为国家的发展做出巨大贡献。他们是亿万农民的骄傲，他们用自己的行动证明了中国农民中间蕴藏着无穷而伟大的智慧。

第一节　旗帜农民

旗帜，通常指悬挂在杆子上、具有特定的颜色、图案的布，在本书中指的是“榜样”的意思。榜样是旗帜，代表着方向；榜样是资源，凝聚着力量。各种各样的榜样，引导人们不断向着好的方向前行和发展，形成良好的社会风气。

旗帜农民指的是可以作为榜样的农民。他们团结在党的领导下，像黑夜里的路灯，引领着农民向前进。他们心系群众，有无私奉献的为民情怀；他们忠于事业，有信念如山的政治品质；他们推动发展，是带领群众致富的能手；他们大公无私，具备从严从实的工作作风。

新中国成立之初，在农业领域，出现了很多旗帜性的人物，在各自领域中做出了巨大贡献。因为旗帜性农民的存在，广大农民在党的领导下和这些旗帜性人物的影响下，以无比的热情投入到了社会主义建设中。

改革开放时期，安徽省凤阳县小岗村的 18 户农民、江苏省江阴市华西村的吴仁宝，成为改革开放后的旗帜性农民，全国各地的人都去他们的村庄学习取经。

而今，在中华民族伟大复兴的大好时期，过去培养旗帜农民的经验，值得令人总结，并努力形成有组织保障、体系支撑、社会认可的旗帜农民培养新探索，从而激励亿万农民以新的热情参与建设新时代中国特色社会主义的幸福美好生活。

一、大寨书记——陈永贵

1920 年，陈永贵出生于山西省昔阳县大寨镇石山村。1952 年，他开始担任大寨村党支部书记。1953 年，他开始制订治山治水十年规划，首战白驼沟。1958 年，他带领创建昔阳县第一个人民公社，任公社党委副书记兼大寨村党支部书记。20 世纪 60 年代，陈永贵带领大寨人自力更生、艰苦奋斗，创造了令人惊叹的大寨精神。

全国掀起“农业学大寨”的高潮

全国人民学习大寨精神，团结起来治山开荒

大寨是中国北方农村的一个缩影。在互助合作化之后，大寨人面临的是恶劣的自然环境。全村 700 多亩土地分布在“七沟八梁一面坡”上，七零八散、高低不平，共 4800 多块。土地十年九旱，一下大雨就涝，亩产只有一两百斤。大寨人在党支部书记陈永贵的带领下，开始了在荒山野岭上打石筑坝、填土造田、整平土地的壮举。他们不分冬寒夏暑，全村男女劳动力齐上阵，硬是靠人力把荒山改造成了旱涝保收的“大寨田”。

先治坡，又治窝，经过了几年的奋斗，终于使大寨发生了变化。1962 年粮食亩产量就由 1952 年 118.5 千克增加到 387 千克。就是受灾的 1963 年，粮食亩产仍达到 352 千克，不仅不要国家的救济，而且全大队还卖给国家 12 万千克粮食。大寨在解决本大队吃粮问题的同时，1952—1963 年共向国家交售了 87.9 万千克粮食，为国家做出了巨大的贡献。

20 世纪 60 年代末，大寨整修良田 800 多亩，植树造林 1000 多亩，筑盘山公路 6000 米，建蓄水池 6 个，修盘山水渠 14 千米。大寨基本上摆脱了贫困。那长城般的石坝、天梯式的农田，谁能相信它们完全是靠全村 60 个劳动力用手凿肩抬式劳动方式建成的。1967—1979 年，全县共完成农田水利基本建设工程 9330 处，新增改造耕地 9.8 万亩。

大寨在创业过程中，体现了当时中国农业发展的客观要求，引起了毛泽东和党中央的高度重视。毛泽东于1963年发布了“工业学大庆，农业学大寨，全国学人民解放军”的指示，全国农业开始掀起“学大寨”的高潮。

“农业学大寨”的主要内容是，坚持自力更生、艰苦奋斗精神，大搞农田基本建设，按照水利化、机械化要求，对土地进行升级改造。在各地人民公社的统一领导和规划下，广大干部群众齐上阵，治山、治水、改土、修“大寨田”，全面加强农业基本建设，改造落后的生产条件，大打农业翻身仗。

随着人们的呼声越来越高，陈永贵的职位也一步步升迁，从大寨党支部书记，到昔阳县委书记、晋中地委书记、山西省委副书记等。1975年，陈永贵当选为国务院副总理，把大寨精神推向全国。

陈永贵在大寨这个小村庄工作时，就展现了又红又专的干部气质和风度，别看他显得土里土气的，但土出智慧，土出精神，土出财富。他有很多名言，如“集体经济家大业大，管理制度必须赶上”“干部干部，就要先干一步；不先干一步，就不能当干部”“村看村，户看户，群众看的是党支部”“干部迈什么步，群众就走什么路”。

基于过硬的党员素质和政治修养，陈永贵带领昔阳县建了全国第一个人民公社，并引起了中央和全国人民的关注。大寨所坚持的政治挂帅、思想领先的原则，自力更生、艰苦奋斗的精神，爱国家、爱集体的共产主义风格成为全国农业学习的标杆。陈永贵的事迹也激励了千万农村基层干部，带领农民治山开荒，发展农业，支援社会主义建设。

二、从大寨“铁姑娘”到“女当家”——郭凤莲

郭凤莲出生于1946年，是山西省昔阳县人，大寨是养育她的故乡。在那段特殊的岁月里，郭凤莲的名字随着“全国学大寨”的热潮响遍中国大地。此后的若干年里，这位大山深处的不平凡女性身兼数职，带领大寨人发扬自力更生、艰苦奋斗精神，创造了一个又一个人间奇迹。

1968年开始，被称为“铁姑娘”的郭凤莲接替了陈永贵的班，先后担任山西省昔阳县大寨公社党委副书记、革委会副主任，中共昔阳县委委员、副书记，山西省革委会副主任。1991年，她被任命为中共昔阳县委常委、大寨党支部书记，再次接过大寨发展的大旗，郭凤莲倍感责任重大。

那些日子里，不知有多少次，郭凤莲独自来到当年与姐妹们一同并肩苦战的“七沟八梁一面坡”，回忆如火如荼的创业岁月。静静的夜晚，她曾一个人走上虎头山，站在老支书陈永贵的墓前暗暗发誓：要以泰山压顶不弯腰的精神，重塑大寨新形象，立志让大寨重新回到全国农业的先进行列。

郭凤莲意识到，大寨要尽快重新振作起来，也许有多条路要走，但首先必须把乡亲们的精神振奋起来。重新回到大寨的郭凤莲感慨万千，过去是全国学大寨，现在是大寨学全国。

为顺应农村改革的浪潮，郭凤莲大力推进村办企业和第三产业的发展，走农工商一体化的路子。大寨企业经历了村办小作坊到规模化、专业化、品牌化发展的转变。1992 年之后的 10 多年里，大寨利用自身的知名度，引项目、引人才、引资金、搞改革，调整村里的产业结构，先后兴办了水泥厂、制衣公司、酒业公司、贸易公司等企业。

目前，大寨已从过去单一靠粮食挣钱转变为发展壮大多种经营、多元化体制并存，集体经济不断发展，人均纯收入 1.7 万元，人们的日子越来越红火。大寨人如今也过上了现代化的生活，多数村民盖了新房，户均面积超过

精神矍铄的郭凤莲

了100平方米，村民家中电器齐全。村里还先后建起了新小学、农民科技文化活动中心。

大寨实行幼儿园到小学教育全免费。全村60岁以上的老年人每月可领取200元养老金，70岁以上的老人每月可领取300元养老金，村民烧煤由集体发放，村民看病由集体报销。凡考入大中专院校的学生，村里每年发500~1000元奖学金。

现在，大寨已经成为太行山上一个优美的公园式山村。每年夏秋时节，在虎头山上，层层梯田庄稼葱绿，人造森林郁郁葱葱，处处果园硕果累累。山下的大寨村窑洞整齐有序，街道干净整洁，村民热情好客。大寨的交通、通信等基础条件也已大为改善。不少外乡游客称赞，这里已是一个成熟的农业旅游区。

郭凤莲始终坚信，在大力发展民营经济的同时，一定要壮大集体经济。群众是集体经济的载体，集体经济又是农民的靠山。要通过壮大集体经济，千方百计把新农村建设这篇文章做好。

以郭凤莲为代表的老一辈共产党员，经历了毛主席时代和改革开放时代的各种发展变化，在历史的沧桑中，他们不忘初心，带动村民一起走向共同富裕的道路。

三、实行男女同工同酬第一人——申纪兰

申纪兰是全国唯一的第一至第十二届全国人民代表，历任金星农林牧生产合作社副主任、中共平顺县委副书记、山西省妇联主任、长治市人大常委会副主任、全国妇联第二届至第四届执委。

作为一个普普通通的农村妇女，申纪兰先后受到毛泽东主席的亲切接见，在周恩来总理家中作过客，和邓小平同志一起照过相，江泽民同志称她是“凤毛麟角”。胡锦涛、李鹏、朱镕基还亲自到西沟村看望过她。申纪兰还代表中国妇女参加了1953年丹麦首都哥本哈根举行的第二次世界妇女大会，访问过苏联首都莫斯科、波兰首都华沙和民主德国首都柏林等地，受到了朝鲜领导人金日成、越南领导人胡志明等外国领导人的亲切接见。

1950年，申纪兰联络了10多个要好的姐妹加入了著名劳模李顺达组织的

申纪兰（左一）和村民们一起劳动

互助组。1951年，她与李顺达携手创办了闻名全国的西沟金星农林牧生产合作社，并被大伙推选为副社长。申纪兰在全国率先带领妇女参加生产劳动，实行男女同工同酬。1952年，她第一次被评为“全国农业劳动模范”。从此，申纪兰的事迹传遍了全国。

1953年是申纪兰光辉的一年。这一年年初，她光荣地加入了中国共产党。1973年，申纪兰被任命为山西省妇联主任。毫无思想准备的她，总觉得这不合适，不愿去。她认为，自己文化程度不高，又没有机关工作的经验。她如实地向组织上反映了自己的想法，但最后还是服从了组织的决定。她上任后，不要级别，不要工资，不转户口，不要专车，还在西沟村参加劳动……不久，在她的再三要求下，她最终还是辞去了这个正厅级职务。

1983年，组织上把申纪兰列为长治市人大常委会副主任的候选人，她一再申明自己不合适。最后她还是当选为长治市人大常委会副主任。市里要给她转户口、定级别、配专车，她又全部推辞了。她说：“我的户口在西沟，级别在农村，能走能动，要那些用处不大。”申纪兰多次外出联系业务，乘的是公共汽车，住的是价格低的旅馆，吃的是最便宜的饭菜。为了给村里办事，她每年的车费、住宿费少说也要花上好几百元，但她从未在村里报销过一次车票、领过一次出差补助，反而把国家每月发给她的生活补贴“赔”进去不少。有人说，你这是办公事，该报销就报了吧。她执意不肯，说：“国家每月给我150元的补贴，这就都有了。”

后来，朱镕基总理也称赞她不谋私利。的确，走进申纪兰的家，人们都会在那满墙挂着的照片前流连片刻，这些照片几乎就是一部新中国的历史，群众所熟悉的国家领导人几乎都在。与这辉煌的经历形成极大反差的是，这位老劳模的家实在太简陋了，屋内装饰既少又旧，甚至还不如普通农民家。

2016年3月2日，全国人大代表申纪兰随团抵达北京，出席全国人民代表大会。这是申纪兰第50次出席全国人民代表大会。

申纪兰和郭凤莲一样，是为数不多的经历新中国60多年沧桑巨变的杰出农民代表，她们始终保持高度的党性修养，坚持共产党人为人民服务的使命，永远紧跟党的步伐，在自己的家乡，默默地为老百姓谋福利，谋幸福。

申纪兰（前排右二）作为全国人大代表抵达天安门广场

第二节　改革功臣

改革指改变旧制度、旧事物，对旧有的生产关系、上层建筑作局部或根本性的调整。改革是社会发展的强大动力，没有改革就没有新的进步。但是，改革不同于革命，革命是以暴力的方式推翻原有政权以达成改变现状的目的，而改革是对旧有的生产关系、上层建筑作局部或根本性的调整变动。改革对于一个国家来说是发展的强大动力，关系到国家的兴衰荣辱。

中国的改革开放从农村起步，逐步实现了从传统计划经济体制向社会主义市场经济体制转变，从落后的农业大国向世界第二大经济体的跃迁，走上了一条中国特色社会主义发展道路。在这一波澜壮阔的改革发展的历史进程中，农民作为中国社会最大的社会群体和改革的先行者，为中国改革开放的发展做出了无与伦比的贡献。比如，市场化改革的头一炮——“包产到户”的发明权是属于农民的；农村市场化改革推动了全方面的市场改革，农村改革的极大成功，为城市改革提供了重要的实践范本和成功经验；乡镇企业的异军突起开辟了中国工业化的路子，等等。农民的每一项重大探索都给中国的发展带来了巨大的新的可能。

不可否认，每一项伟大改革的背后都需要一批愿意做出牺牲的敢于突破常规的带头人来推动。比如，掀起“大包干”的18户推动了中国土地制度改革向家庭联产承包责任制过渡；江苏华西村的吴仁宝坚持工农结合的集体经济道路，推动了后来乡镇企业的大发展。没有这些改革功臣，中国的改革事业步伐就会减缓，甚至受到阻碍。

中国特色社会主义道路本来就是一条前无古人的发展道路，“摸着石头过河”必然无法避免磕磕绊绊。目前，中国改革进入深水区，我们面临着经济高速发展衍生出的各种问题，不少问题是无法问计于古人的，就得靠敢于打破惯性思维、取缔陈规陋习的人站出来，挑担子，扛起改革的大旗，继续深化改革。

一、大包干带头人——小岗村 18 户

改革领先不等于发展领先。与少数明星村镇相比，小岗村更是中国千万个乡村的缩影。在市场经济条件下，农民不仅要靠天吃饭，更多的是要靠市场吃饭。但由于基础设施不足，信息不对称，面对瞬息万变的市场机遇和风险，绝大部分农民往往无所适从，最终在风险的考量下日渐保守。

1978 年，中国经济改革的冲动在坚冰冻土下缓缓涌动。在安徽省凤阳县梨园公社，小岗村是全公社乃至全县最穷的。当年夏收后分麦子，全村每个劳动力才分到 3.5 千克。全队 18 户，只有 2 户没讨过饭，一户是教师，一户在银行工作。

1978 年秋天，严俊昌当了队长。在生存的巨大压力下，他偷偷地将生产队的田地分给各家各户，实行包产到户。村里的老人们都为严俊昌等几个干部担心，万一出了事，坐了牢，孩子和老婆谁来养？

小岗人决定开会盟誓。一个冬日的夜晚，在严立华家，18 户人家的 18 条汉子，经过讨论，最终达成了一致意见。会计严立学只顾闷头往纸片上记，有不少错别字："我们分田到户，每户户主签字盖章，如以后能干，每户保证每户的全年上交和公粮，不在（再）向国家伸手要钱要粮，我们干部作（坐）牢杀头也干（甘）心，大家社员保证把我们的小孩养到十八岁。"后面是各家各户挨个写下姓名，并按下红手印。

这张按满红手印的大包干秘密誓言，宣布了一种新的生产关系悄悄降临。那一刻，小岗村的 18 户村民只想改变受穷挨饿的日子，也不会想到他们实际上在做一件改变亿万中国农民命运的惊天动地的壮举。小岗村的举动从此正式揭开了中国农村改革的序幕。

1979 年秋天，小岗村获得大丰收，粮食总产 13 万多千克，自 1956 年合作化以来第一次向国家交了 12488 千克公粮；小岗村每间土坯屋里都堆满了粮食，人们兴奋得在粮食堆上打滚。

从县到省，各级领导的心里终于不再忐忑了。小岗村的秘密"泄露"后，他们曾以不同方式支持了大包干。半年之内，大包干经验在滁州地区乃至整个安徽省全面推开，直到 1980 年 5 月 31 日，邓小平同志一锤定音："'凤

当年小岗村 18 户农民一起按下了鲜红的手印

阳花鼓’中唱的那个凤阳县，绝大多数生产队搞了大包干，也是一年翻身，改变面貌。有的同志担心，这样搞会不会影响集体经济。我看这种担心是不必要的。”

小岗村 18 户农民搞起的“大包干”经验逐步在全国推广，至 1984 年，家庭联产承包责任制在全国普及开来。“穷则变，变则通，通则久”，正是因为他们以“托孤”的形式按下了红手印，中国农村改革的进程向前推进了一步。农村改革的突破，又促进了城市的改革。从此，中国逐步进入了全面的改革开放时期。

二、天下第一村的缔造者——吴仁宝

吴仁宝，1928 年 11 月 17 日出生于江苏省江阴县华墅乡吴家基（今江阴市华士镇华西村）的一处茅草棚里。那个时候的华西村，只有 138 户人家，却有 125 人当长工、做童养媳、去讨饭，住的是“泥垛墙、茅草房，挡不住风，遮不住雨”。全村 800 多亩土地，分割成 1200 多块，真正是“高田岗、高田岗，半月无雨苗枯黄；低田塘、低田塘，一场大雨白茫茫”。华西村人缺吃少穿，走路打晃，“穷够了”三个字浓缩了华西村过去的全部历史。还有一首歌谣如此唱道：“一场大雨白茫茫，半月无雨苗枯黄。日均只有半斤粮，有女不嫁华西郎。”

多年之后，当吴仁宝已经成为“天下第一村”的“老书记”的时候，他开始用他那颇有特色的话语，回顾并梳理自己的人生：“回顾过去，我的人生经历，可以概括为三个阶段：看当家、跟当家、自当家。”

可以说，在实践中不断思考，在思考中又不断实践，是吴仁宝始终秉持的思想理念。在新中国成立前的20年里，他是看别人怎么当家的。7~11岁，他先后上了三个私塾；11~17岁，他被四户人家雇过长工，尝尽了人生之苦。20世纪50年代初到60年代末，他是在跟着当家，奋力耕耘属于自己的土地，为了集体的利益而不惜万般辛劳。从20世纪70年代开始，他是自当家，与时俱进，独立自主，执着创造。

吴仁宝从来不缺乏灵活、机敏与胆识。早在青少年时代，他就在砍柴、捕鱼之余，学做一些小生意，先是卖点小咸菜、萝卜干或豆腐干，积累了经商

当年吴仁宝带领村民劳动归来

老书记吴仁宝站在村口讲述华西村的发家史

的经验；有了一些经验之后，他和他的同乡开始从事贩布生意；再后来，贩布生意不好赚钱了，他又开始到无锡贩卖鸡鸭畜禽。

从20世纪60年代到70年代，他研究制订了华西村的15年发展蓝图，率领群众起早贪黑，冒严寒，战酷暑，肩扛手推，白天搞田间管理，晚上平整土地、兴修水利，大力发展农业生产，改善华西村的环境。“头痛腰酸不算病，烂手烂脚不缺勤”，这一精神激起了华西村人战胜贫瘠、重塑河山的豪气和激情。只花了7年时间，华西村人就把1300多块老农田改造成为400多块现代化农业示范田，硬是用人工重造了华西村地貌，建成了一个农业的样板。

村民要致富，华西村仅仅发展农业是有瓶颈的，必须根据现实条件发展一些工业。从20世纪60年代末开始，他就冒着风险创办了小五金厂，后来受到处分；1978年，华西村的工业产值已达到69万元，银行存款100多万元。党的十一届三中全会以后，以吴仁宝为首的华西村干群坚持以“一个中心、两个基本点”为指针，以调整产业结构为突破口，展开了华西村第二轮艰苦创业，并一步步实现了亿元村、十亿元村、百亿元村、五百亿元村的历史性跨越。

50余年的艰苦奋斗，吴仁宝把昔日的“穷华西”，建设成一个“五容”（山容、河容、田容、厂容、村容）美丽，“五子”（票子、房子、车子、孩子、面子）幸福，“五业”（农业、工业、商业、建筑业、旅游业）兴旺的新华西。

从1961年建村至今，华西村已经走过了50余年光辉历程。历经半个世纪的风雨征程，华西村创造了中国社会主义新农村建设的奇迹，华西村老书记吴仁宝也铸就了中国共产党人卓越的世纪传奇。

在改革开放的潮流中，类似吴仁宝这样的老支书还有很多，河南的南街村、天津的大邱庄村、苏南的永联村等一批大集体时代走出来的村干部，他们坚持走集体化的道路，整合村庄资源，发展工农结合的模式，勇闯市场，带领村民走向共同富裕。历史证明，这些村干部用自己的大半辈子乃至一生，诠释着一个优秀共产党员所秉持的为人民服务的原则。正如吴仁宝老支书曾经多次说过的：“一名共产党员，一定要想通。如果一个人活在世上，有几百万、几千万，甚至几个亿，而另一个人只有几百块、几千块、几万块，但到了最后，都是一样。”也许正是这样的价值观影响了他的一生，在他生前，他把上级政府批给他的1.5亿元奖金全部留给了集体。

第三节　励志农民

“日出而作，日落而息”“面朝黄土，背朝天”“目光短浅”“保守、落后、愚昧、自私”……这些语句是对上千年农民生活状况和精神状态的描述。不可否认，农民这个庞大的群体，身上存在不少缺点。但是，“任劳任怨”“简单、质朴、实在”“吃水不忘挖井人”等优秀的品质也是中国农民的真实写照。“农民”是个古老的词汇，承载着经历千年沉淀的智慧和缺陷。

随着时代的发展，农民行动的范围也拓宽了，走南闯北找生活，在城市打工，成了很多农民的选择，他们也同时拥有了一个专有称呼，即“农民工”。城市的工作，让更多的农民开始感受到比农村节奏快的生活和工作，接触的人群变丰富了，视野也大大拓展了，思维也悄悄地变化着。特别是，几亿农民群体中涌现出的积极分子，他们不甘居于人下，努力抓住任何提升和发展的机会，敢于吃苦，奋发向上，迎难而上，他们成了农民中的精英。

因此，农民中不乏杰出人物。他们的励志故事、励志精神，让每一个接触他们的人都会被感染，被激励，如蒲公英的种子，飘落到哪里，就会在哪里生根发芽，直至长成参天大树。

一、从“烟王”到“橙王”——褚时健

人生总有起落，精神终可传承。权衡一个人的胜利标记，不是看他登上的高峰的高度，而是看他跌到低谷的反弹力。

褚时健为红塔烟草（集团）有限责任公司原董事长，是著名的“中国烟草大王”。1999 年 1 月 9 日，褚时健因经济问题被判入狱。2001 年，他因严重的糖尿病获批保外就医，回到老家居住养病。2002 年，他与妻子承包了荒山，开始种橙子。后来，“褚橙”畅销全国。他从曾经的“烟王”成为今日的“橙王”。

褚时健的一生是奋斗不息的。1928 年，他诞生于一个农民家庭。1955 年，担任玉溪地区行署人事科科长。1979 年 10 月，任玉溪卷烟厂厂长。十几年间，褚时健使红塔山成为中国名牌，他领导的企业累计为国家上缴利税数以千亿元计。

1994 年，褚时健被评为全国“十大改革风云人物”，走到了人生的巅峰。然而在那个工资普遍只有几百元的年代，他们厂一般职工的工资都有四五千元，但他对企业的巨大奉献并没有在个人所得上得到体现。近二十年里，他的总收入不过百万元，个人收入的巨大落差使他产生严重的不平衡心理，再加上缺乏有效的监督机制，他光辉的人生之路偏离了航向。由于贪污，1999 年，他被判处无期徒刑。当时他已经是 71 岁的老叟了。

对于一个 70 多岁的老人来说，不得不说这是他摔得最痛跌得最惨的一跤。很多人既为他可惜，也以为他这辈子完了。然而，出乎意料的是，这位老人并没有垮掉。他先是获得减刑，改为有期徒刑 17 年，后因为严重的糖尿

病获批保外就医。就这样，他卷土重来，与妻子承包荒山，开始种橙子。

他一开始通过曾经的人脉资源开拓橙子的销售渠道。同时，他意识到人脉渠道不是长久之计。2016 年，他开始探索在电商渠道销售橙子。2016 年“褚橙”产量有 1 万吨，批发价为 10~14 元 / 千克，收入在 1 亿元以上，利润几千万元。

现在褚时健已经年近九十，对他来说，在曾经的辉煌中跌倒，但在跌倒后又一次创造神话，这就足够了。每个人都失败过，是一败涂地，还是再次站起来，褚时健给了人们一个答案。

万科前董事长王石说过：“橙子挂果要 6 年，他那时已经快 75 岁了。你设想一下，一个年近 75 岁的老人，戴一个大墨镜，衣着破旧的圆领衫，兴高采烈地跟我念叨橙子挂果是什么情景。固然他境况不佳，但他作为企业家的

年过八旬的褚时健在他的果园里

襟怀跃然纸上。我当时就想，假如我碰到他那样的挫折，到了他那个年龄，我会想什么？我晓得，我必定不会像他那样英勇。”王石说出了农民出身的褚时健有着土一样能经历风吹日晒依然不变色的坚韧和气节，为人生的精彩而不断奋发向上。

二、农民诗人——余秀华

2016 年 11 月 1 日，第三届“农民文学奖”颁奖典礼上，一位行动不便、口齿不清的女诗人获得了“农民文学奖”特别奖。她就是余秀华，生于 1976 年。当时的农村还有生产大队，余秀华的父母每天早早便出门种地，中午回家匆匆吃顿饭，下午又赶去种地。

余秀华是奶奶带大的。由于脑瘫，她很晚才会走路，4 岁之前只能爬行。家人为了让她练习走路，用车轮子做成辅助器。6 岁那年，她才终于能不借助外力走路了。不过，这也只是勉强会走而已。直到上小学时，余秀华每天的上学放学还需要父亲背。再大一点，她可以让老师牵着回家了。她学

余秀华对话斯坦福

习很努力，但是由于右手不受控制，写字时需要用左手按住，姿势怪异，动作缓慢。这也直接影响了她的考试成绩，虽然很多题都会做，但没有足够的时间去完成。

余秀华从没有加入过孩子们游戏的队伍，女孩们跳绳子、跳房子，她只能在一边观望。她的脚不行，手也不行。高二之后，余秀华读不下去了。她偏科严重，数学学不好，而且被告知，这样的身体条件，即使参加了高考，也没有学校要她。

1995 年 7 月，她在高考前辍学回家。从此之后，余秀华离开了班集体。当年的同学，如今都已经远去。成绩好的去读了大学；成绩不好的，也出门打工去了。

因为腿脚的关系，余秀华很少涉足外面的世界。村庄里有无边的丘陵、金色的水稻、低矮的农舍，村里回荡着犬吠、鸡鸣、鸟叫，村民们走家串户，世代耕耘。但村庄是文化氛围极有限的地方，有能耐的一去不回，有力气的出门打工，留下老人、幼童坚守家园。

余秀华喜欢读书，也喜欢写点东西。不甘屈服于命运的她十几年笔耕不辍，读书，思考，写作。尽管她的诗，在她生活的村子里没有人看得懂，但她依然坚持书写着。余秀华的诗歌，像是长在土壤里的种子，开出了属于自己的花。一开始没有人注意，花越开越多的时候，她才被人发现。

第一次投稿，是在杂志《九月》上，一投即中。这使她受到了鼓励："说明你的诗歌至少有一个喜欢的人。"后来，《荆门晚报》开始刊登她的诗歌。2014 年《诗刊》9 月号下半月刊《双子星座》栏目，推出了余秀华的诗，使得她登上了中国诗坛最高级别的杂志。

2014 年 12 月，余秀华与母亲前往北京，正是受了《诗刊》的邀请，参加 12 月 17 日下午在中国人民大学举办的朗诵活动。那是一次专门为草根诗人举办的朗诵会，她将与另外三位诗人一起登台。

在中国人民大学的教室里，余秀华的母亲看着投影仪上放着女儿的照片与资料，听着女儿的朗诵，激动得流下了眼泪。母亲虽然看不懂女儿的诗，但是在那一刻，母亲理解了女儿的坚持与执着。

余秀华是农民的女儿，农民的儿女中有不计其数的人用生命在书写着自己的人生，他们同样不甘人生的寂寞，定要通过自身的奋发，以期待能绽放出绚丽的生命之花。余秀华是最好的榜样之一，她的诗与自己的生命光辉相联结。她的诗歌是语言的流星雨，灿烂得让你目瞪口呆，感情的深度打中你，让你的心疼痛。

三、身残志坚走向致富路——周艳

亿万普通农民中有着无数位令人敬佩的彰显生命张力的农民，他们极其平凡普通，但是细细品味，他们的奋斗故事又是极其不平凡。周艳就是其中一位。1975 年 3 月，她出生在贵州省安顺市关岭布依族苗族自治县上关镇向阳村的一个农家里。她左手有残疾，为此她受到过歧视，但是她从没有自卑屈服，而是不断奋斗，立志改变命运。

1999 年 5 月，周艳和丈夫带着孩子来到浙江省绍兴市务工。由于左手残疾，没有一家工厂愿意接收她，但她自强自立，要凭借自己的劳动创造幸福生活。于是，她开始捡垃圾挣钱。在外 5 年，她和丈夫有了近 9 万元的存款，回家盖了栋两层小楼。

2005 年过完春节，周艳和丈夫南下广州，丈夫很快被一家翻砂厂聘用。周艳依然没有一家工厂接纳她，于是，她又干起捡垃圾的老本行。经历了 8 年常人难以想象的艰辛后，她和丈夫积累了近 40 万元的资金。有了资金，她和丈夫就有了新打算。

2013 年 5 月，周艳和丈夫打算回家办养猪场。他们在村里找来工匠把房子后面一亩多荒地铲平了，然后建起占地 800 多平方米的“周艳生猪养殖场”。

荣誉证书

HONORARY CREDENTIAL

周艳

荣获贵州省第三届返乡农民工创业之星称号

周艳身残志坚的奋斗故事受到省级政府的表彰

一开始，周艳买了 20 多头母猪，饲养了近半年，20 多头母猪先后共产下 200 多头小猪，但许多小猪莫名其妙地死了，不到 10 天就死了 80 多头。周艳立即到县畜牧局求援，在县畜牧局技术人员的指导下，损失总算被控制了。但她的小猪拿到市场上销售，每头小猪的售价要比广西小猪低 150~200 元，原因是猪的体型、外观无法与广西小猪比拟。

带着疑问，周艳交了 5000 元学费，来到广东省广州市增城区星塘镇一家生猪养殖场系统学习了两个月。她还积极参加政府部门组织的养殖技能培训。就这样，周艳的养猪技术越来越成熟。2014 年 6 月，周艳终于成功出售了第二批小猪，获利 15 万元。尝到了科学养殖生猪带来的甜头，她的养殖信心更足了，母猪的头数从原来的 20 多头增加到 120 头，小猪销售在当地市场占了一席之地。

“一家富不算富，大家富才算富。”这是周艳办养猪场的宗旨。她不仅让自己富裕起来，还要带领群众共同富裕。周艳个人出资 96 万元成立了关岭自治县艳华种养殖农业合作社，构筑“基地 + 合作社 + 农户”的发展模式，为农户养殖生猪提供产前、产中、产后的系列化服务，解决群众养殖、销售中难以克服的困难，推动生猪养殖向规模化、产业化方向发展。

第四节　荣誉农民

在工业反哺农业，城市支援农村发展的大背景下，无论是企业家，还是干部、学者，越来越多的成功人士，开始用实际行动参与家乡或者其他乡村的发展。国家层面是通过驻村第一书记、包村干部、大学生村官等方式，派人参与到村庄的实际发展中；社会层面，大量的知识分子、企业家、退休人员，都以自己擅长的方式参与农村发展。而社会层面的乡村建设支援力量在蓬勃发展中呈现出丰富多元的特征。

有的人不是农民出身，但是一辈子将生命奉献给农民，例如被人们尊称为“杂交水稻之父”的袁隆平院士，一生扎根田野，致力于水稻研究，为亿万农民吃饭的问题奋斗不息。

当然，更多的人虽然不是一辈子与农民打交道，但是他们有的出钱，帮助村庄改善基础设施，或者建立助学基金；有的出人力，帮助村庄做力所能及的事情；有的出智慧，参与村庄的规划。对于这些外来人士的帮助，村民并不是无动于衷，而是以不同的方式表达他们内心的感激之情，其中一个越来越普遍的方式是授予“荣誉”的称号，比如“荣誉村民”“荣誉村主任”等，认可他们为村庄共同体中特殊的成员。

而当选荣誉村民并不是一件简单的事情，一般需要符合以下几个条件：要为所在村做出突出贡献；要遵守所在村村民自治章程；要经全体村民代表大会通过或全体村民在会通过。例如，2017 年 1 月 22 日下午，千年殷商古镇“国家级传统村落”河南省荥阳市石洞沟村评选出首批“荣誉村民”，李岭楠、董云岚、金鑫等 16 人荣获“荣誉村民”称号。这些“荣誉村民”都是一年多来为石洞沟村的古村落保护、文化宣传、乡村旅游、精神文明建设等发展做出突出贡献的人。

一、“杂交水稻之父”——袁隆平

在中国有一个人，出身于知识分子家庭，原本不是农民，但一生都在做一个“农民”，为农民的事业奋斗不息。他就是中国“杂交水稻之父”——袁隆平。袁隆平一直致力于亿万农民的“水稻改良”事业，也因此被老百姓尊称为“米神”“当代神农”。出生于 1930 年的他，现在已是 80 多岁高龄，但是他仍然活跃在科研场上，为中国的水稻研究事业继续做着贡献。

袁隆平的人生充满了奋斗和坚持的色彩，“不畏艰难，知难而进”是袁隆平院士做科研一贯的原则。“一颗种子改变世界”是对他所做贡献最好的诠释。

1953 年，袁隆平从西南农学院毕业，成为新中国培养的第一批大学生。那时国家实行毕业分配政策，袁隆平被分到安江农业学校当教师，负责教 3 门课。然而就在这个落后的湖南乡下，袁隆平度过了人生中最难忘的 18 年岁月——这些日子里，他一边教书育人，一边做农业科研，积累了大量经验。当时，这个从大城市来的年轻老师上的课让学生喜欢。“他上课上得好，下课还跟学生玩”，后来当年的学生回忆说，“不讲究那么多，黑板写满了，他把手一缩，抓起袖子就擦。”

那个年代的人都深受饥饿的折磨。1960 年，严重的大饥荒像蝗虫般掠过中华大地，饿殍遍野，惨不忍睹。袁隆平内心的壮志被激发起来了，他发誓，一定要研究出一种高产的水稻，让自己的同胞吃饱。当时，科学家都认定水稻杂交没有优势，可是倔强的袁隆平不认输，他相信自己的判断没有错，无数次实验、无数次失败，都没有使他气馁。

天才都是百分之一的灵感、百分之九十九的汗水。1960 年 7 月的某一天，袁隆平在学校试验田里发现了一株“天然杂交稻”，鹤立鸡群，穗大粒大。第二年，“大水稻”的种子播下去，结果高的高，矮的矮，产量都很低。但是，这株天然杂交稻启发了他：用人工杂交的办法，可以培植高产的杂交稻。

不轻易气馁的袁隆平仍然继续潜心研究，终于，1973 年袁隆平在中国水稻科研会议上，正式宣告中国籼型杂交水稻“三系”配套成功。1981 年 6 月 6 日，袁隆平和籼型杂交水稻获国内第一个特等发明奖。1987 年，联合国教科文组织奖给他 1.5 万美元奖金，他全部拿出来，设立了一个杂交水稻基金，专门奖励有成就的中青年科技工作者。

2007 年 4 月 29 日，袁隆平在美国首都华盛顿正式就任美国科学院外籍院士，并出席了有数百名世界顶级科学家参加的美国科学院院士年会。世界著名科学家、诺贝尔化学奖获得者、美国国家科学院院长西瑟罗纳先生评价袁隆平时说：“袁隆平先生发明的杂交水稻技术，为世界粮食安全做出了杰出贡献，增产的粮食每年为世界解决了 7000 万人的吃饭问题。”袁隆平院士几十年的水稻研究终于获得了世界性的认可，但是他

袁隆平和外国专家

没有停止进步，仍旧奋斗在田间。

“活到老，工作到老”是袁隆平院士的真实写照。2016年7月，袁隆平接受记者的专访，谈起未了的心愿，说得最多的还是他费尽大半生研究的杂交水稻：“我已经快86岁了，身体还很好，再干4年没问题，希望到90岁时，超级稻每公顷产量能够达到17吨。人呐，不能躺在过去的功劳簿上。”

功夫不负有心人。2017年9月，已经87岁高龄的袁隆平院士在2017年度国家水稻新品种与新技术展示现场观摩会上，宣布了一项重大成果：“可以把亲本中的含镉或者吸镉的基因‘敲掉’。”假如此次水稻亲本“去镉”成功，袁隆平院士不仅解决了人类“吃得饱”问题，还解决了人类“吃得安全”这一大难题。而且，由袁隆平挂帅的“海水稻”项目最高亩产达620.95千克，假如试种、推广成功，中国数亿亩盐碱地有望变成粮仓，比如按亩产300千克保守计算，1亿亩盐碱地年产量将达到300亿千克，能养活8000万人口。目前，全球有9.5亿公顷盐碱地，亚洲有3.2亿公顷，占全球的1/3以上，而中国有1亿公顷盐碱地，其中2.8亿亩可以开发利用，这将再一次深刻改变人类的命运。

二、名誉村主任——京东总裁刘强东

2017年11月28日，河北省阜平县平石头村村委会正式聘请京东集团董事局主席兼执行官刘强东为该村“名誉村主任”。刘强东在就职仪式上表示：“3年内帮助平石头村的贫困户脱贫，5年内让全体村民年均收入翻10倍，户户都有稳定的工作和收入，家家都能住进新房，过上小康生活。”

平石头村2016年人均收入仅有3500元，刚刚过贫困线。但是抛开这一平均数字，实际上全村655人中，建档立卡的贫困户还有123人，该村离全面小康还有很长的距离。

按照刘强东的规划，平石头村原本不太好卖的苹果、核桃、香菇等农副产品，将登上京东的线上零售平台，通过京东物流送到各地消费者手中。同时，京东便利店项目优先给平石头村，一个便利店就可以养活一个家庭。

扶贫的根本大计在于扶智，作为名誉村主任，刘强东很重视村里的教育。他计划将在村里盖一个最好的学校。村里的小学老师，工资由京东发。

实际上，在刘强东的老家江苏省宿迁市，刘强东的扶贫基金的设立已有数年时间，每年捐赠 200 万元用来帮助困难家庭。2013 年，刘强东给童年时的母校捐赠了 5 辆校车，总价值 133 万元。2017 年 2 月，刘强东宣布向宿迁市捐赠超过 1 亿元人民币，用于当地的教育、文化、养老及扶弱帮贫等公益事业。

近年来，京东把客服中心、信息研发处理中心、财务结算中心、物流管理中心等四大中心和云计算基地都陆续开设在宿迁。按照他的说法，“宿迁既没有资源禀赋，也没有沿海优势，但在京东效应下，呼叫中心在宿迁已经成为一个产业，带动了 2 万人就业”。

名誉村主任刘强东对于农村和京东资源的结合深有信心，当然脱贫是件大事，也不可能只靠他一人就能完成，所以刘强东也呼吁：“靠我一个人的力量是有限的，我希望通过我的尝试，能够让更多的企业家参与到扶贫事业中来，大家一起努力，用企业家的责任和担当，回馈国家和社会，让更多人过上幸福的生活。”

京东公司在宿迁的客服人员

名誉村主任是村庄给社会成功人士帮助发展本村经济和带动村民致富的一个重要平台，既能使他们一定程度参与到村庄事务的重大决策中，引进先进的发展理念，帮助启发村干部新思路，同时便利了名誉村主任直接参与村庄的某些具体事务，了解村民，了解村庄，从而使得他们的帮助更加符合村庄发展的实际。

三、荣誉村民——村民的贵人宋振波

2017 年，迎着飞舞的春雪，山东省省派宁津县杜集镇王纸房村第一书记、省体育局群体处副处长宋振波像往常一样回到王纸房村。令他意想不到的是，村支书王学刚向他通报了村两委和村民们的一个决定：授予他“荣誉村民”的称号。宋振波因此成为王纸房村建村 600 多年以来第一位“荣誉村民”。

这虽然是宋振波参加工作以来级别最低的荣誉称号，但村支书的口头通报让这位刚毅汉子眼窝发热。宋振波认为，这将是他最宝贵的荣誉。虽然，他早已把自己当成王纸房村的一员，但村民的认可还是让他十分感动。

这是村两委按村民的要求，想出要把宋书记留在村里的办法。他到村里不到两年的时间，却让村里发生了翻天覆地的变化，让村两委成员长了见识，有了本事，让村民真真实实地感受到党和政府的关怀和温暖。

宋振波刚来时，村支书王学刚和村民们都认为，省城来的和“县官”一般大的处长弄不好还是“画大饼”的“走读生”，即使他真正想帮村里脱贫，让这个空壳村咸鱼翻身，除非他有点石成金的本事。这么多年来，他们想了不知多少办法，都没有起色，大家的心都快凉了。

谁知宋振波 2015 年 2 月 10 日进驻王纸房村以来，真的在村里住了下来。历时近 100 天，他走遍村里的田间地头、房前屋后；走访了全村 150 户人家，400 多人次，并将群众所说所讲的问题进行记录梳理。

把村头的桥给修好，是宋振波来村里面临的第一道考题。2015 年 5 月，不到 10 天时间，宋振波就在省局的支持下，筹资 10 万元，修好了村东头坍塌多年的生产用桥，解决了村庄近在咫尺，却要绕行 3000 米去管理、收获小麦的问题。

宋振波经过与村“两委”、广大党员及村民代表多次座谈分析，帮助村里理清了发展思路、任务目标、脱贫手段和措施办法，对扶贫脱贫工作进行顶层设计，制订出《抓党建促脱贫工作计划》《村庄生态环境整治计划》《特色产业项目发展计划》三大计划，制成一张大图挂在村“两委”办公室的墙上。这让村“两委”眼前一亮。大伙儿异口同声地表态相信他，愿意一起拼一把。

两年来，村里累计投资近 650 万元，完成了道路修建、农田基本建设、特色产业、生态环境、文化体育设施等 78 项建设任务，村容村貌发生了翻天覆地的变化，蓝图变成了现实。

2016 年，村里决定开展双孢菇种植项目，制订了产业项目实施方案，确定了受益贫困户、运营模式、产权归属、利益分配等重点问题。这一年总投资近 130 万元，历时两个多月时间，建成了 6 个高标准地源式空调大棚，并实现首批双孢菇销售收入 33 万元，为村集体经济打下了基础。

村里的蘑菇种植喜获丰产

宋振波的到来，让村民看到了建村600多年来从未发生的变化。对此，村民们都对他抱有感恩之心，认为授予他“荣誉村民”是理所当然的，也借此表达随时欢迎他回来看看的心情。

“荣誉村民”这一称号是老百姓对为村庄做出突出贡献的人表达感谢的一种方式。在精准扶贫的大背景下，像宋振波这样的“荣誉村民”也越来越多。他们和老百姓的心是连在一起的，用自己的切身行动帮助着当地的老百姓。